実寸型紙付き!!

ディップ液にワイヤーをくぐらせて作る

ディップフラワーアクセサリー練習帖

m.n.c.

講談社

CONTENTS

ディップフラワーはこうして作る

ワイヤーを指やペンチで形付け、ディップ液にくぐらせて膜をはった「ディップフラワー」は、樹脂液なので割れない上に、仕上げ剤ストレンスナーで補強するのでさらに丈夫に仕上がります。本書はすべて実物大の型紙付きなので、ワイヤーの成形は型紙に合わせて行えばOKです。

※着色やストレンスナー作業を行う際は、部屋の換気を行って下さい

型紙に合わせて成形

指定のワイヤーを型紙に合わせて成形。

ディップ液にくぐらせる

指定のディップ液にくぐらせて、膜を貼り、乾燥させる。

マニキュア塗装でも壊れない強度

透明なディップ液（商品名＝クリヤー）にくぐらせて、完全に乾いてからマニキュアで塗装。最後に硬化仕上げ剤ストレンスナーを重ねれば、アクセサリーとしての強度もさらに安心です。

小さな作品なら１日でできちゃう

「どくだみ」や「シャンパンローズ」の花、「小菊」のようにブリッジ技法がない作品が初心者向け。慣れてきたらブリッジ技法やかぶせづけに挑戦してみましょう。

01 タンポポ、ブルースター

how to make P.50
〈花言葉〉タンポポ…真心の愛、ブルースター…信じ合う心

タンポポの花びらは、ディップする前に１枚１枚しっかりと広げるのがコツ！
花びらの枚数は多いですが、同じ作業の繰り返しなので意外に簡単。
組み立てるときに別ワイヤーできちんと巻くと、きれいな円形のタンポポができます。

02 ワイルドストロベリー

how to make P.52

〈花言葉〉ワイルドストロベリー…無邪気・尊重と愛情

コロンとしたイチゴの実は「かぶせづけ」で作ります。
難易度は高めですが、ワイヤーの立体を均等に作ると可愛い仕上がりに！
花や実をスカシパーツにボタン留めすれば、ペンダントトップやヘアピンにも応用できます。

03 ハナミズキ

how to make P.54

〈花言葉〉ハナミズキ…私の想いを受けて下さい、永続性

花びらの技法は変形クロスねじりで、等間隔で平面にまとめるのがコツ。
マニキュアでニュアンスを付けると、上品な仕上がりになります。

04 クローバー、シロツメクサ

how to make P.56

〈花言葉〉クローバー、シロツメクサ…幸運・約束

子どもの頃に作った花冠をイメージしたアクセサリー。
シロツメクサの花びらをまとめるコツは球状をイメージすること。
クローバーは三つ葉、四つ葉の大きさや色を自由にアレンジしてください。

05 百合

how to make P.58

〈花言葉〉百合…純粋・無垢・純潔

洋装・和装のウエディングどちらにも似合う百合の髪飾りです。
一重も八重も作り方の基本は同じ。八重は花びらを横に添えた形で、華やかに。
一重はビーズで作った雄しべが特長です。

06 ラナンキュラス

how to make P.44

〈花言葉〉ラナンキュラス…華やかな魅力・とても魅力的

都会の喧騒を離れ、自然に囲まれたガーデンウエディングやパーティをイメージした作品。
パステルカラーのラナンキュラスと小花をブーケ風アクセサリーに！
シンプルなピアスなら、初めてでも簡単にできます。

07 ハーブ

how to make P.60

〈花言葉〉ラベンダー…期待、カモミール…逆境に耐える、ローズマリー…思い出、パセリ…祝祭

ハーブガーデンの爽やかさをアクセサリーに。
4種類のハーブを使用して、自然な風合いに仕上げてみましょう。

08 すみれ

how to make P.62

〈花言葉〉すみれ…謙虚、誠実、小さな幸せ

野に咲くすみれを可憐なアクセサリーに。花びらを広げる際、
小さい輪を指で押さえて安定させることがコツ。
紫の濃淡はお好みで、色を自由にアレンジしてみて。

09 多肉植物

how to make P.46

〈花言葉〉エケベリア…優美、カランコエ…幸福を告げる、セダム…星の輝き、三日月ネックレス…健やかな成長

流行りの多肉植物をボタニカルアクセサリーに。
セダムとカランコエは、マニキュアで変化をつけると、よりリアルに。
セダムと三日月ネックレスは粘土で簡単仕上げ。よく練ってよく乾かすのがコツ。

⑩ フラガール

how to make P.64

〈花言葉〉ハイビスカス…繊細な美、プルメリア…日だまり、モンステラ…嬉しい便り

鮮やかなハイビスカスは、フラガールにピッタリ。
モンステラの葉を合わせることで、瑞々しい印象に。
プルメリアは花びらが細くならないように作るのがコツ。

11 菊 *how to make P.66*

〈花言葉〉菊…高貴・高潔・高尚

和装に合う大輪の菊をデザインしたかんざし。
花びらの幅を均一に作製するのがコツ。
特徴のある丸みは、先端を丸ヤットコで丸めるだけです。

12 胡蝶蘭、小菊

how to make P.68

〈花言葉〉胡蝶蘭…純粋・幸福が飛んでくる、小菊…純情・真実

胡蝶蘭は、形がシンプルなだけに組み立てる際の
バランス調整が難しいので、
型紙と作り方通りに、丁寧に進めるのがコツ。
小菊は8枚の花びらを均等に作り、広げるのがポイント。

⑬ どくだみ

how to make P.70
〈花言葉〉どくだみ…白い追憶・野生

日陰に咲く可憐な白い花をつける野草。
特徴ある赤みがかった葉は「フレームづけ」で着色します。
ちょっと難しいな…と思われた場合は、緑色のディップ液単色でもOKです。

14 シャンパンローズ

how to make P.72

〈花言葉〉バラ…愛・美

ジュエリーショップで見かける
メタリックカラーのアクセサリーを、マニキュアで再現。
花は大、小とも同じ形のシンプルな構造。
お手軽に作りたい方は、葉のブリッジをなくすとさらに簡単になります。

15 紅葉

how to make P.48

〈花言葉〉紅葉…大切な思い出・美しい変化

四季の移り変わりを美しく彩る紅葉を髪飾りに。
引き上げ技法は、指を使っても良いでしょう。上・下パーツをL字型に組み合わせるのがコツ。
色付けでは、後づけマーブルで葉のグラデーションを楽しんで。

16 コスモス

how to make P.74

〈花言葉〉コスモス…乙女の純潔・調和

可憐な乙女をイメージしたかんざし。
花びらはワイヤーのブリッジが2本入るので少々難しいですが、
着色はクリヤーのディップ液につけて乾燥後、マニキュアを塗るだけなのでお手軽です。

17 どんぐり

how to make P.76

〈花言葉〉どんぐり…永遠の愛・長寿

どんぐりは着色して乾燥後、UVレジンコーティングすると強度が増します。
葉は虫食い部分にマニキュアを塗って、リアルに仕上げましょう。
どんぐり（小）のへたは、帽子のように丸みをつけるのがコツ。

18 クリスマスローズ

how to make P.78

〈花言葉〉クリスマスローズ…いたわり・私を忘れないで

大きなサイズの花びらをまとめるコツは、根元の高さが下がらないようにすること。
小さなサイズは、クリヤーでディップ後、乾燥させ、マニキュア着色で簡単仕上げ。
花の色は自由に組み合わせてください。

⑲ 1月 シンビジウム
how to make P.80 〈花言葉〉飾らない心

⑳ 2月 スイートピー
how to make P.81 〈花言葉〉繊細、優美

㉑ 3月 忘れな草
how to make P.82 〈花言葉〉真実の友情

㉒ 4月 アルストロメリア
how to make P.83 〈花言葉〉未来への憧れ

㉓ 5月 カーネーション
how to make P.84 〈花言葉〉母への愛

㉔ 6月 野ばら
how to make P.85 〈花言葉〉素朴な愛

㉕ 7月 トルコキキョウ
how to make P.86 〈花言葉〉思いやり、希望

㉖ 8月 朝顔
how to make P.87 〈花言葉〉愛情、はかない恋

㉗ 9月 クジャクソウ
how to make P.88 〈花言葉〉天真爛漫、想像力豊か

㉘ 10月 コスモス
how to make P.89 〈花言葉〉乙女の純潔

㉙ 11月 雪椿
how to make P.90 〈花言葉〉理想の愛、申し分ない魅力

㉚ 12月 クリスマスローズ
how to make P.91 〈花言葉〉いたわり

基本の材料と用具

近くに大型手芸店がない場合はネット購入がおすすめ。着色やストレンスナー作業を行う際は、部屋の換気に気をつけて作業を進めて下さい。

ゲージ（ゲージパイプ、ゲージスティック）

ワイヤーで輪を作るためのパイプ。側面にワイヤーを通すための溝がついている。9本1組（直径1、1.5、2、2.5、3、3.5、4、5、6cm）。ゲージスティックは直径（3、5、7、9、12、14、16、18mm）の8サイズに対応。

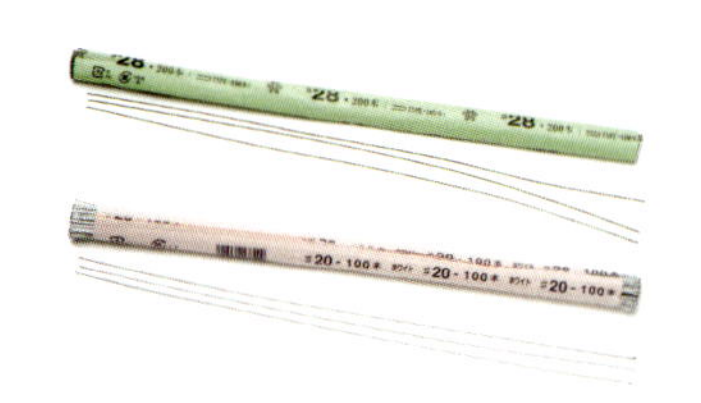

地巻きワイヤー

輪にしたり、形をつけて花の形を作る。針金の表面に薄い紙が巻いてあるので、すべりにくく、形がつけやすい。

波型ワイヤー

波型ワイヤー（BUCO）は、もともと波状になっているため、花びらや葉のニュアンスがつけやすい。

アーティスティックワイヤー

真鍮にノンターニッシュ加工を施したワイヤーは、ビーズワークに適したしなやかさと折り曲げ加工や巻きにも耐える十分な耐久性を持つ。コーティング強度も十分でスクラッチにも強く、容易に変色・褪色しない。本書ではノンターニッシュブラス（G）、ノンターニッシュシルバー（S）を使用。

P.28～33は説明がわかりやすいよう、地巻きワイヤーを使用

ディップ液

サイズ：160mℓ／0.7ℓ
カラー：28色／8色
ワイヤーの輪に膜を作る合成樹脂液。混ぜ合わせて好きな色を作ったり、クリヤー（透明）のディップ液を混ぜて薄い色を作ることもできる。

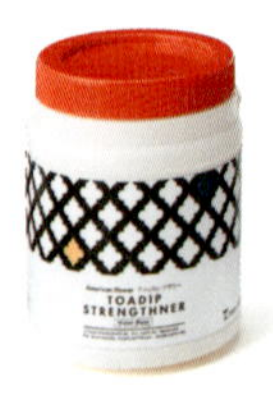

ストレンスナー

ディップ液でつくった膜を強く丈夫にする仕上げ液。水性・油性・スプレーがある。ディップ液に混ぜての使用は不可。必ずディップ液を乾かした後で使用する。水性タイプは刺激臭が少なく作業環境を選ばない。ファンシーカラースプレー使用の場合は油性を推奨。容量：油性0.7ℓ、水性0.7ℓ、スプレー300mℓ

空き容器

ディップ液を混ぜ合わせて色を作るときに使う容器。材質はPP（ポリプロピレン）かPE（ポリエチレン）を選ぶ。

うすめ液

サイズ：250mℓ／1ℓ
ディップ液が濃くなったときや、乾いて固まりかけたときに混ぜてうすめる液。

ファンシーカラースプレー

サイズ：200mℓ／カラー：15色
ディップ液で作った作品に吹きかけるスプレー式の着色剤。色を重ねたりぼかしたり、裏側からかけて表側の色を浮き上がらせるのに使用。仕上げは油性ストレンスナーを推奨。

マニキュア

ディップ液でつくった膜や作品に、表側、裏側などから塗る。

3D絵の具・ペン

3D絵の具（セタカラー3Dブロードパール）はノズルから直接描くことができ、盛り上がった球体が簡単に描ける。使用色は206と208。ペン（三菱鉛筆 ユニボール シグノ 極細0.38mm）は模様などを描くのに使用。

缶開け、パレットナイフ

缶開けはディップ液を開けるときに使用。パレットナイフはディップ液を混ぜ合わせるときに使用。

メラミンスポンジ（スタイロフォーム）

ディップ液に浸したワイヤーを挿して乾かすための台。うすめ液や、ストレンスナーがつかないよう注意する。

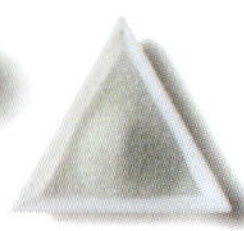

ペップ（花芯）、グラスビーズ

ペップは細糸の両端に、粒が付いたもので、色や形、大きさも様々ある。グラスビーズはボンドを塗った後にふりかけ、表情を出すことができる。

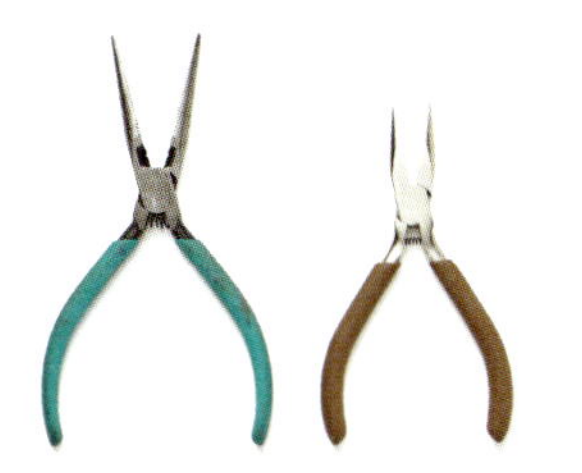

平ペンチ・平ヤットコ

先が平たくなっているため、ワイヤーの成形やカンの開閉に使用。

丸ヤットコ

先が丸くなっているためワイヤーやピンの先を丸めたり、曲げる時に使用。

クラフト用ハサミ、ニッパー

ワイヤーが切れる丈夫なハサミを選ぶ。ピンやチェーンをカットするのにニッパーを使用しても良い。

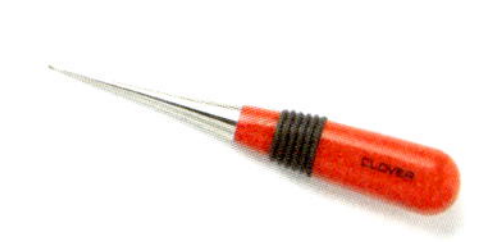

目打ち

パーツの穴開けや、ディップ液をすくって模様を描くのに使用。

フラワーテープ

花や葉をまとめたり、ワイヤーに巻き付けて茎を作るのに使用。12.5㎜幅を半幅に切って使用。

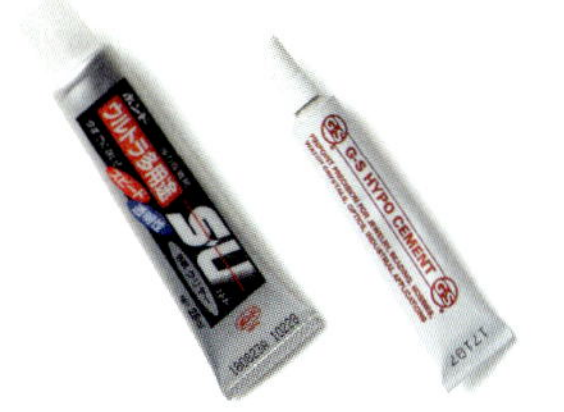

ボンド

乾くと透明になるタイプを選ぶ。ノズルの先端が細いタイプは、ブリオンを貼るときに使用。

にしき糸

茎をきれいにみせるために使用。ワイヤーにボンドを塗ったあと巻く。刺繍糸の太めのタイプが良い。色は墨、真珠、白銀を使用。（株）ルシアン

透明粘土 すけるくん

乾くと透明になる樹脂粘土。使用分のみ取り出し、よく練ることで、ひび割れしにくくなる。乾燥時間は1週間以上が基本。

座金、メタルパーツ

花芯や裏処理に使用。ボンドやワイヤーなどで留める。

スカシパーツ、メタルパーツ

スカシパーツ（左）は模様部分にワイヤーなどを通して使用。メタルパーツ（右）は、ミール皿や曲パイプなどを作品に合わせて使用。

ビーズ、パール

パール、スワロフスキー、銅玉、ラインストーン、ブリオン、ビーズ（ガラス、アクリル、チェコ）などを花芯や飾りとして使用。

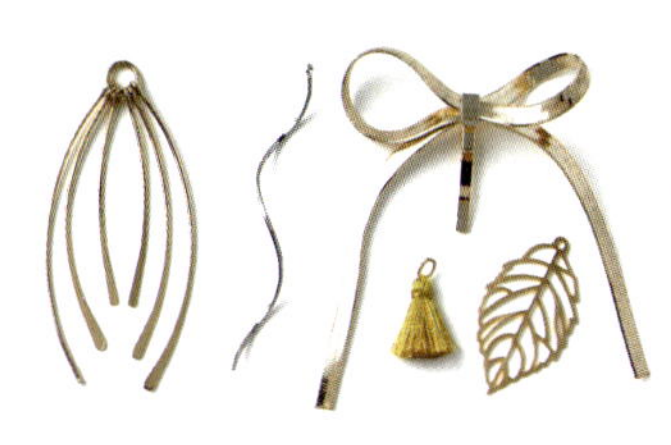

市販パーツ

葉やリボンヘアフック、メタルチャーム、タッセルなどを好みで使用。

皮ひも、スエードテープ

ネックレスの紐や飾りとして使用。

アクセサリー金具

丸カン（0.6×4㎜）、Cカン（0.6×3×4㎜）、三角カン（0.6×5㎜）、Aカン、9ピン、Tピン、カツラ、カニカン、アジャスター、チェーンを使用。

ピアス、イヤリング金具

ピアスはU字、フック、カン付き、ミール皿付などを使用。イヤリングは板バネカン付き、スカシパーツ付きなどを使用。

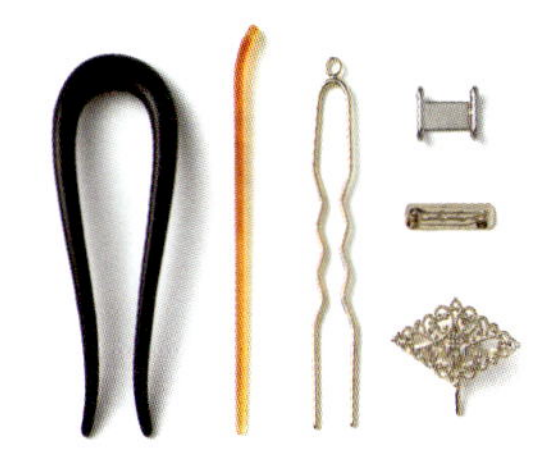

アクセサリー土台

コーム、かんざし、帯留め、チョーカー、ワニクリップ、回転ピン、ポニーフック（引っかけるだけで簡単にゴムの結び目が隠せるアクセサリー）などを使用。

ワイヤーの基本技法

説明がわかりやすいように、地巻きワイヤーを使用していますが、作品を作る際は指定のワイヤーをお使いください。

1回巻き

花や葉を1枚ずつ作る

1

ワイヤーを5cm残して巻き始める（乾かすときにスポンジに挿すため）。

2

指定のゲージにワイヤーを巻きつけ、根元を指ではさむ。

3

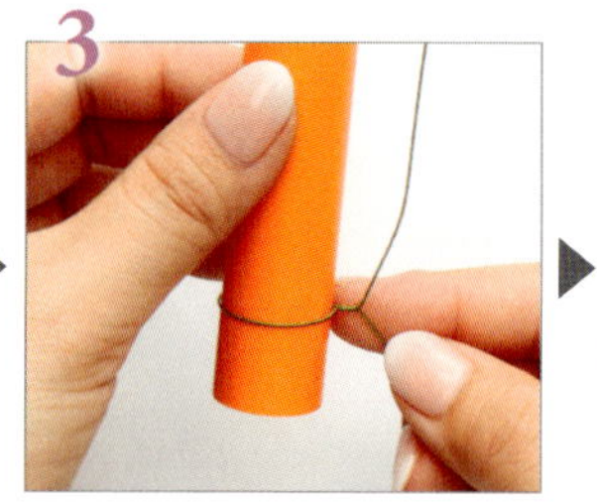

根元をしっかり押さえたまま、ゲージを回して2～3回ねじる。

4

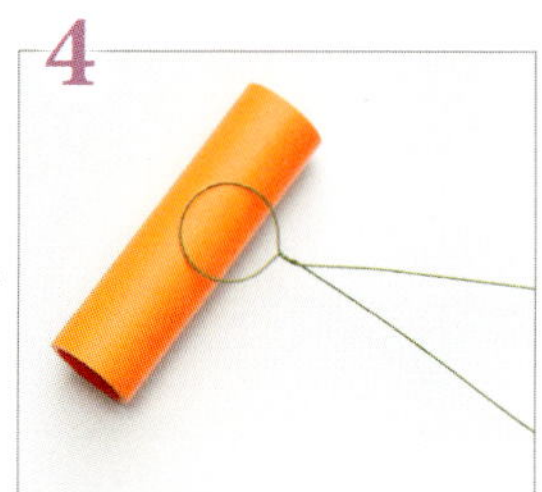

ゲージからワイヤーを外す。根元から出ているワイヤーを足と呼ぶ。

複数回巻き（例／3回巻き）

花や葉を複数枚まとめて作る

1

ワイヤーを5cm残して、指定のゲージに枚数分巻き付ける。輪の大きさを均等に、交差しないよう巻く。

2

根元をしっかり押さえたままゲージを回して1回ねじり、ワイヤーの片方をゲージの溝に通す。

3

輪の間隔をつめ、根元をしっかり押さえたまま、ゲージを2～3回まわしてねじる。

4

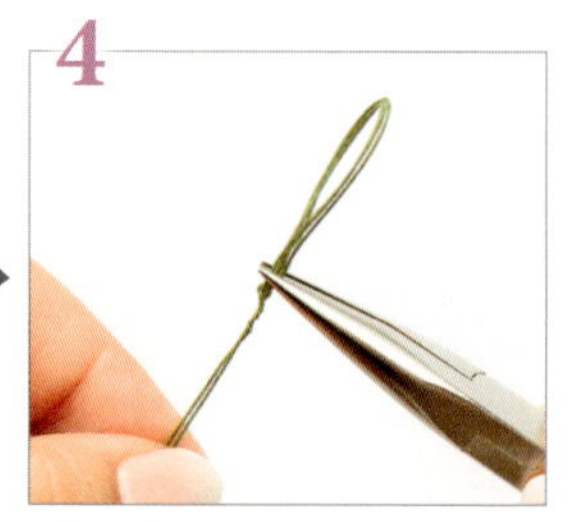

ゲージからワイヤーを外し、根元をしっかりペンチでつぶす（輪の大きさを固定するため）。

輪の大きさを変える

複数回巻きの輪のサイズを変える ※P.49「紅葉」葉（上）で説明

1

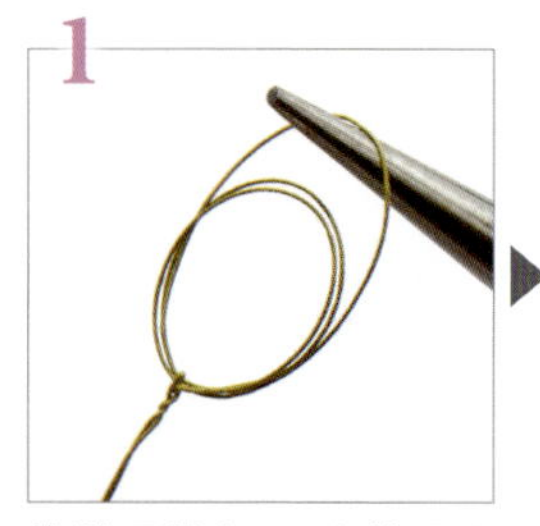

複数回巻きの3を使用する。輪の中心1輪をペンチで引き上げ、大きい輪と、小さい輪を作る。

2

輪を整え、根元をしっかりペンチでつぶす。

ループ付き

1 共通

ワイヤーを10cm残し、目打ちや爪楊枝に1回巻きし、ループを作る。

1回巻き

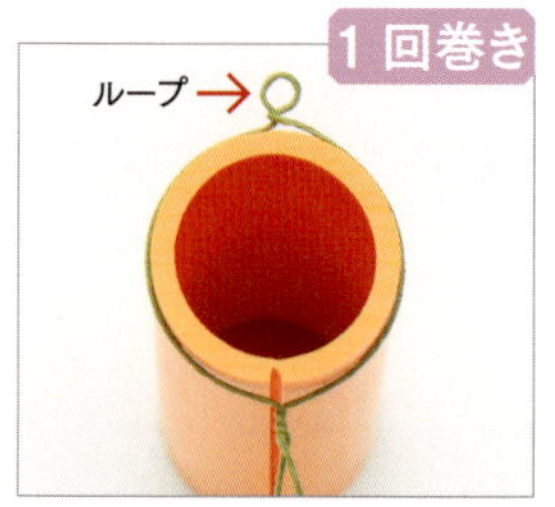

ループの位置に注意して、1回巻きする。ゲージからワイヤーを外す。

ねじり巻き（例／間2回ねじり6輪の場合）※〜〜は作品によって異なる

花の中心に穴ができる。花芯を通したり、花びらを何枚も重ねるときに使う。
輪と輪の間でねじる回数（間○回ねじり）を多くすれば、中心の穴が大きくなる。

1

ワイヤーを10cm残して、指定のゲージに1回巻き付け、根元を指で押さえる。

根元をしっかり押さえたまま、ゲージを時計回りに2回まわしてねじる。

2

根元でねじった部分をゲージに沿わせ、巻いて行く方向に倒す。

2輪目も1と同様に長い方を巻き付け、ゲージを時計回りに2回まわしてねじる。

3

2を繰り返し、6輪にする。

4

ゲージからワイヤーを外す。

5

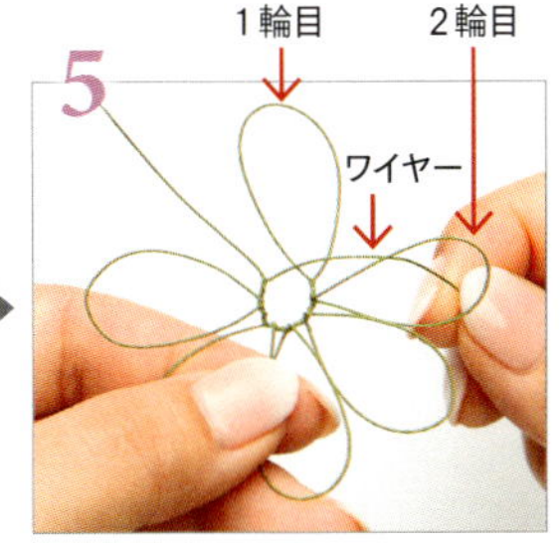

輪を倒して整え、片方のワイヤー1本を、1輪目と2輪目の間に入れる。

6

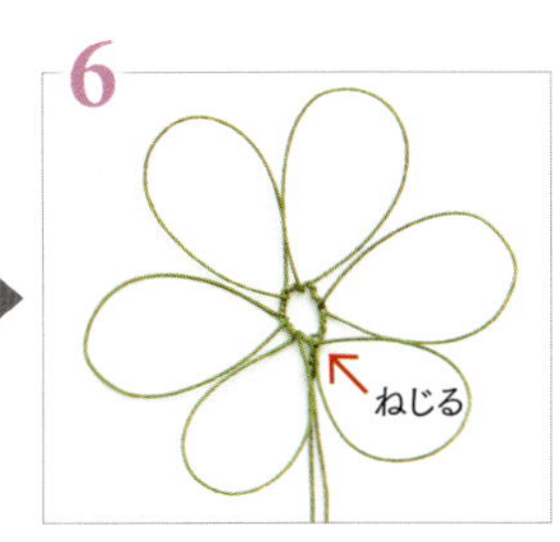

ワイヤー2本を根元で2回ねじる（中心に丸い穴ができる）。

連続葉（例／ねじり巻き使用の場合）

1

ねじり巻き4の状態を使用する。

2

輪にペンチを入れて引っ張る。

3

2の2輪目から左右に広げる。

4

型紙に合わせて指で整える。

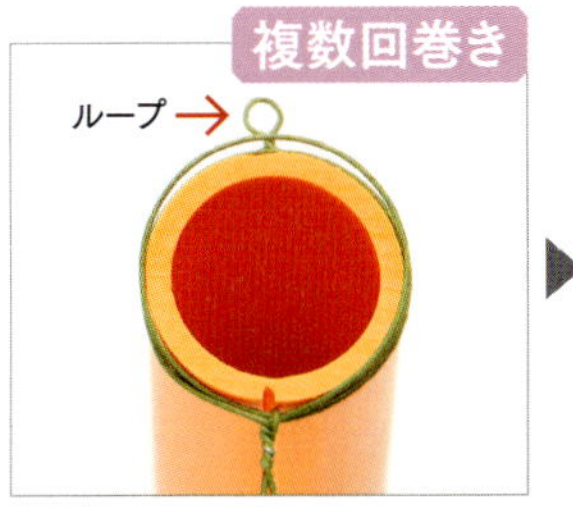

ループの位置に注意して、複数回巻きする（P.28参照）。
※（例／3回巻き）

ゲージからワイヤーを外す。

ループの位置に注意して、ねじり巻きする（P.29参照）。
※（例／間2回ねじり6輪）

ゲージからワイヤーを外す。

立体の作り方 ※P.52「ワイルドストロベリー」で説明

1

複数回巻きを使用する。

2

指で型紙に合わせて形付ける。

3

1本の足を先端に持って行き、内側に2回転させ、ペンチで押さえ、ギリギリで切る。

4

3のブリッジを中心にして、指を使って輪を均等に開く。

シングルブリッジ（輪の両端をワイヤーで橋渡しする）

ワイヤーの足を上げる ※P.87「朝顔」葉で説明

1

先端をペンチでとがらせ、型紙に合わせて形付ける。

2

1本の足を先端に持って行き、内側に1回転させる。

3

きっちり巻いたら、頂点がずれないようにしっかりペンチで押さえる。

4

余ったワイヤーをギリギリで切る。

別ワイヤーを入れる ※P.64「ハイビスカス」で説明

1

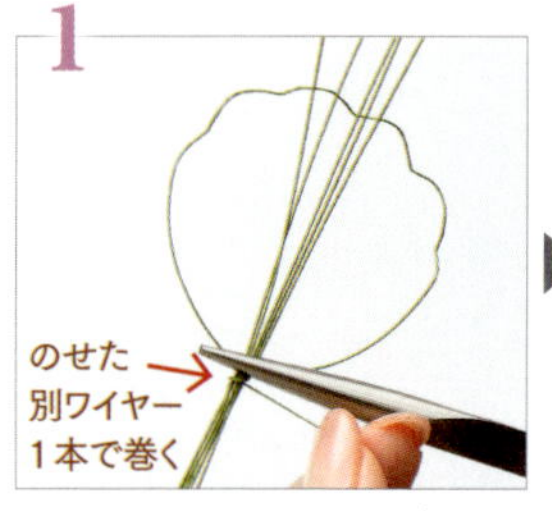

花びらに別ワイヤーをブリッジの本数分、根元に2～3回しっかり巻き付ける。

2

ブリッジのワイヤーを花びら全体に均等に広げ、先端で内側に1回転させる。

3

きっちり巻いたら、頂点がずれないようにしっかりペンチで押さえる。

4

余ったワイヤーをギリギリで切る。

輪の中心を切る ※P.56「クローバー」四つ葉で説明

1

ブリッジに使う2輪を残し、残り4輪を指で型紙に合わせて形付ける。

2

ブリッジの2輪を中心で切る。

3

切ったワイヤーを1本ずつ、葉のくぼみに持って行き、内側に1回転させる。

4

余ったワイヤーをギリギリで切る。

ダブルブリッジ ※P.58「百合」で説明

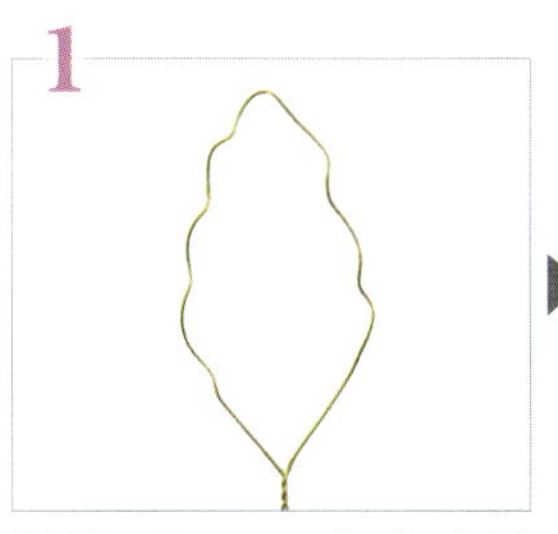
1 型紙に合わせて花びらを形付ける。

2 手で外側に反りをつける。

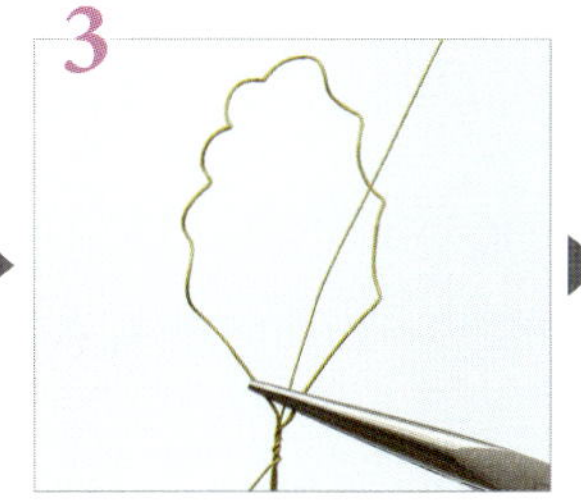
3 別ワイヤー(#24)を根元に2〜3回巻き付ける。

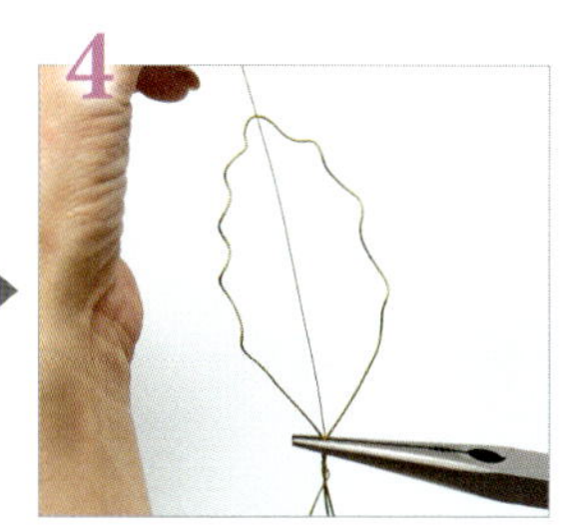
4 ワイヤーを中心に合わせる。

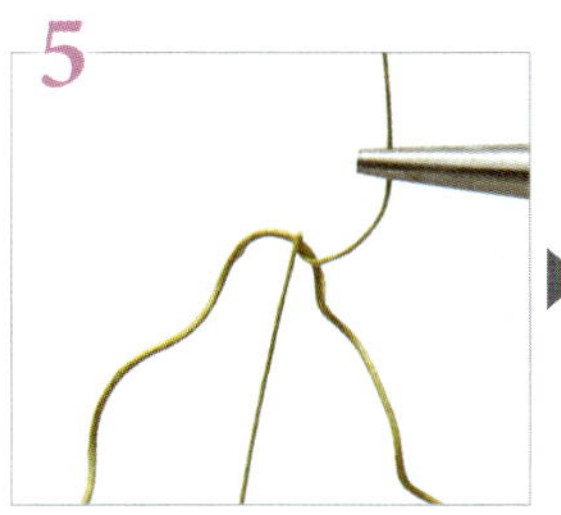
5 花の先端をペンチで押さえ、ワイヤーを内側に1回転させる。

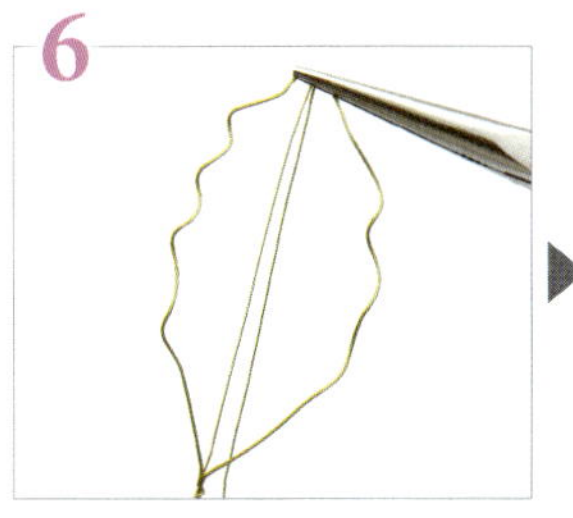
6 先端をペンチで押さえ、5のワイヤーをまっすぐ下に下ろす。

7 2本のブリッジを同じ長さに揃え、根元をペンチで押さる。

8 根元のワイヤー1本でねじって留める。

花芯の作り方

ワイヤー花芯 ※P.85「野ばら」で説明

1 指で細くつまみ、棒状にする。

2 重ならないように広げる。

3 2個を束ねて、根元でねじる。

4 先端に3D絵の具を塗り、乾燥させる。

百合雌しべ ※P.58「百合」で説明

1 指で型紙通り形付け、緑調合液でディップし、乾燥させる。

2 先端1cmをペンチで丸める。

3 片方の先端を一度開き、もう一方にかぶせ、先端をボンドで貼る。

4 3を緑調合液でかぶせづけし、乾燥させる(P.35参照)。

●ペップの花芯

※P.54「ハナミズキ」で説明。わかりやすいようにグリーンのペップを使用。

1

ペップを揃えて、中心をワイヤー(#28)で2回巻く。

2

ワイヤーを下に引っ張りながら、ペップを2つ折りにする。

3

ワイヤーを根元で3回、しっかりねじって留める。

4

根元にフラワーテープを巻く。

●ビーズの花芯

ワイヤーで交差

※P.72「シャンパンローズ」で説明

1

ワイヤー(#30)15㎝にパール3㎜と銅玉3㎜を交互に6個通す。

2

上パーツ3個にワイヤーを交差するように通して、輪にする。

3

ワイヤーを4㎜パールの両穴から通し、交差させる。

4

4㎜パールが中心にくるよう調整し、裏でワイヤーを3回ねじり留める。

ワイヤーでねじる

※P.44「ラナンキュラス」で説明

1

ワイヤー(#30)10㎝にパール(黄緑)を通し、真ん中で3回きつくねじる。

2

4本まとめて根元でねじる。

ボンドで貼る

※P.74「コスモス」で説明

ビーズ花芯のワイヤーに、花座2個を通し、ボンドで固定する。

※P.44「カモミール」で説明

花の中心にボンドをたっぷりのせ、半球状になるように丸小ビーズをつける。

●グラスビーズ

※P.70「どくだみ」で説明

1

ペップを半分に切り、ボンドを塗る。

2

すぐにグラスビーズをまんべんなくふりかけ、乾燥させる。

3

ビーズの上にマニキュア(黄緑)を塗り、乾燥させる。

4

ペップの根元ギリギリで切り、花の中心にボンドで貼る。

花びらや葉の形付け

1

輪を指やペンチで引っ張る（頂点を探すため）。

細くする

先端を指やペンチで軽くはさんで細くする。

とがらせる

先端をペンチではさみ、とがらせる。

丸くする

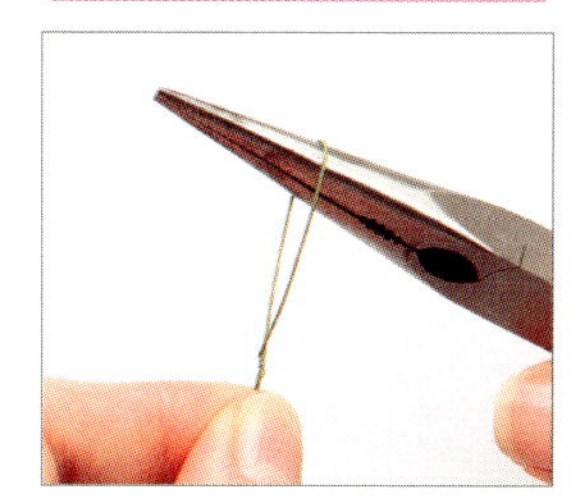

輪の中に指やペンチを入れ、外側に引っ張り丸くする。

フリル（平面的）

1

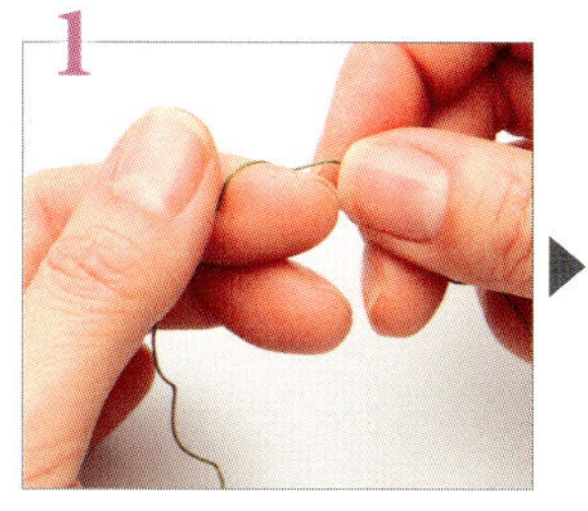

横波になるよう、指やペンチでフリルをつける。

2

ワイヤーが平面的になるように仕上げる。

ウェーブ（立体的）

1

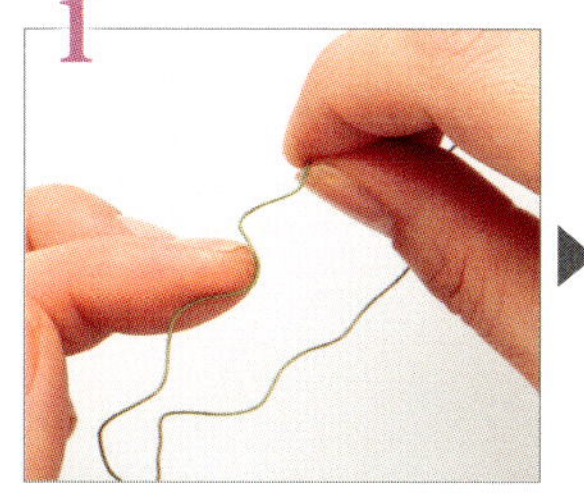

山谷の要領で立体になるよう指でウェーブをつける。

2

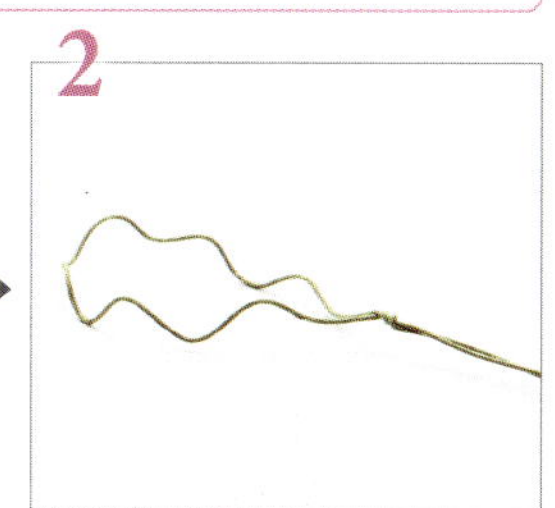

ワイヤーが立体的になるように仕上げる。

ギザギザ葉の作り方

※P.52「ワイルドストロベリー」で説明

1

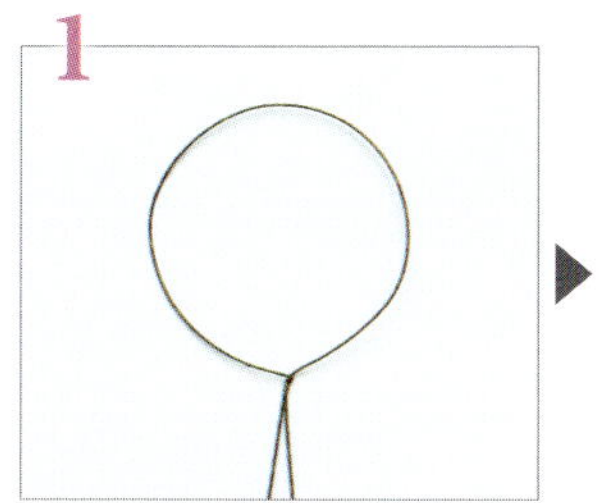

1回巻きを使用する。

2

型紙を参考にペンチで曲げて成形する。

3

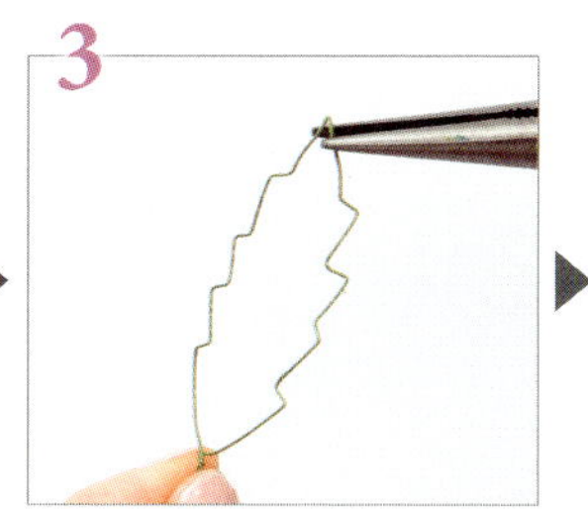

輪の中心を軽くひっぱり、ペンチでとがらせる。

4

型紙に合わせて、指で整える。

反りのつけ方

ゲージを使う

※P.50「ブルースター」で説明

1

直径6㎜の棒を花の中心に置く。

2

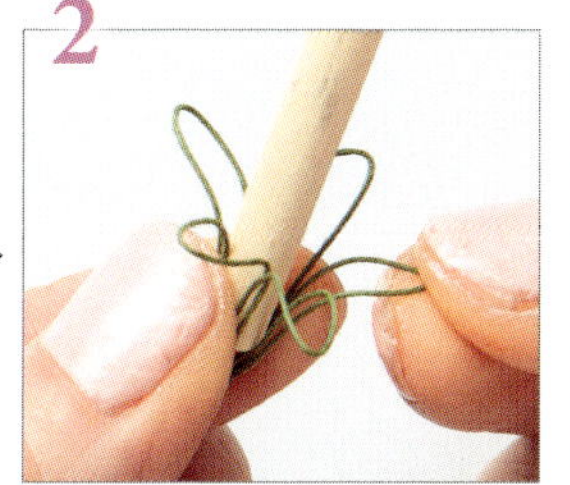

棒に添わせたまま、指で花びらの形を作る。

指を使う

※P.80「シンビジウム」で説明

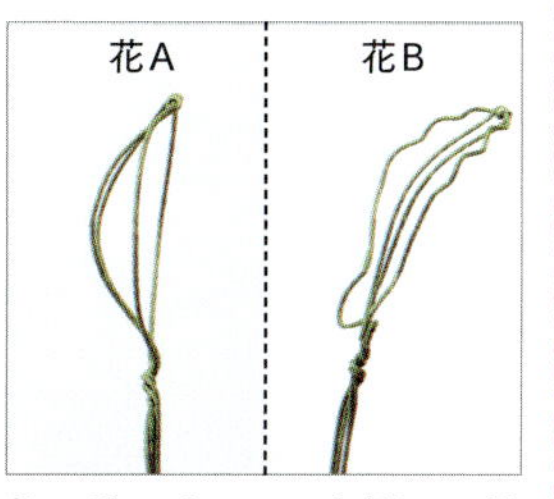

指の腹でならし、内側や、外側に丸みをつける。

手を使う

※P.58「百合」で説明

ブリッジ部分を指で押さえ、花びらを立ち上げて立体的に成形する。

ディップ液の調合・調整

着色作業を行う際は、部屋の換気を行います。
ディップ液は固まりやすいので、手早く作業して、
すぐにふたを閉めましょう。

調合液の作り方（ディップ液を混ぜて好きな色を作る）

（例）ピンク調合液…クリヤー5：フレヤーピンク5　※ P.44「ラナンキュラス」で説明

1

カラー割合を参考に使う分だけディップ液（クリヤー）を別容器に移す。

2

パレットナイフで色（フレヤーピンク）をすくい、少しずつ混ぜる。

3

ふたをして少し時間を置く（気泡や、色むらを防ぐため）。

4

気泡が無くなってからディップする。パレットナイフはウエットティッシュなどで拭き取る。

微量な色を混ぜる

（例）緑調合液…DXパール＋エメラルドグリーン微量　※ P.58「百合」雌しべで説明

1

カラー割合を参考に使う分だけディップ液（DXパール）を別容器に移す。

2

エメラルドグリーンを目打ちの先に取り、円を描くように混ぜて色をなじませる。

3

色が薄いときは、足したい色を目打ちの先に取り、2を繰り返す。

4

色が濃いときは、パレットナイフでDXパールを少しずつ足し、調整する。

固くなったディップ液をうすめ液でうすめる

※うすめ液を使用するときは、必ず十分な換気を行うこと。締め切った部屋では使用しない。

1

うすめ液をこぼさないように、固くなったディップ液に少しずつ入れる。

2

足すごとに、パレットナイフで全体を混ぜ合わせる。

3

パレットナイフの先から、途切れなく糸を引く程度の固さが良い。

4

うすめすぎた時はふたを開けて蒸発させる。

ディップ液で着色する

ディップ液に、形付けしたワイヤーをつけて膜を作ることを「ディップする」といいます。

ディップする

1回巻き

1 形付けしたワイヤーの根本まで液につける。

2 すくい上げるように引き上げ、輪の先端を上に上げる。

ねじり巻き・複数回巻き・カップ状

形付けしたワイヤーを垂直に根元まで液につけ、そのまま引き上げる。引き上げたらすぐにひっくり返す。

共通（乾燥させる）

メラミンスポンジ（スタイロフォーム）に挿し、乾燥させる（10～20分程度）。

マーブル

フレームづけ

※P.70「どくだみ（葉）」で説明

1 成形したワイヤーの先端に模様の色（チェリーレッド）をつける。

2 1が乾かないうちに、1でつけた色（チェリーレッド）が沈まないようにベースの色（緑調合液）をつける。口の広い容器が作業しやすい。

3 先端を上にして引き上げると、ワイヤーに膜が張られる。先端の液が流れてマーブル状の模様がつく。

4 メラミンスポンジ（スタイロフォーム）に挿し、乾燥させる（10～20分程度）。

かぶせづけ（球体、立体に膜を張る）

※P.52「ワイルドストロベリー」で説明

1 ディップする本体よりもひと回り大きい輪をワイヤー（#24～26）で作る。

2 大きい輪を液につけて膜を張り、立体を通す。輪にふれると膜が破れるので注意。

3 大きい輪を左右に動かして膜を破り、輪に触れないように注意して立体を取り出す。

4 メラミンスポンジ（スタイロフォーム）に挿し、乾燥させる（10～20分程度）。

その他の着色・仕上げ

油性の塗料やストレンスナーを使う場合は、部屋の換気を十分に行います。ワイヤーを見せたい面を（表）と決めて作業します。

カラースプレー

※火気厳禁、換気を十分に行う　※P.68「胡蝶蘭」で説明

1

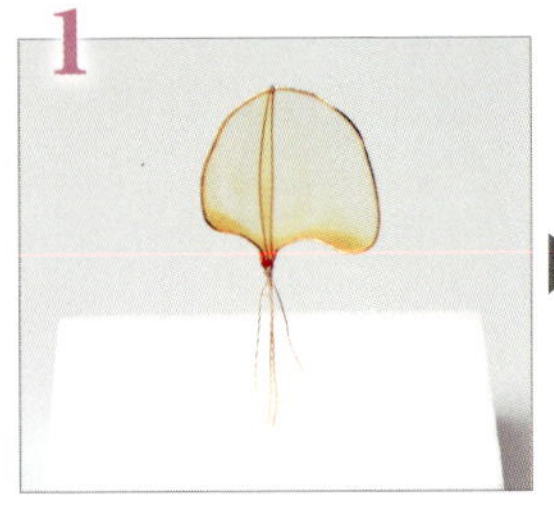

ディップ後、よく乾燥させる。乾燥が不十分だとシワやよれの原因になる。

2

20～30㎝離して勢い良く裏面にスプレー（ホワイト）し、乾燥させる（10～20分程度）。

3D絵の具

※P.91「クリスマスローズ」で説明

1

ワイヤーの先端に、絵の具のチューブを垂直に立てて持ち、押し出す様に球状に描く。

2

メラミンスポンジ（スタイロフォーム）に挿し、十分に乾燥させる。必ず自然乾燥すること。

マニキュア

※P.46「多肉植物」エケベリア（紫）で説明

1

クリヤーでディップし、乾燥させる。乾燥が不十分だとシワやよれの原因になる。

2

ディップした面の裏からマニキュアを塗る。

3

広い面を塗る場合は、マニキュアをたっぷりとる。

4

一面を一気に塗る。

仕上げ（ストレンスナー）

※参考作品で説明

ディップ液で作った膜を強化して丈夫にする液。作品作りに欠かせない。
水性、油性、スプレーの３種類あり、本書では水性ストレンスナーを使用。

ディップ液で作った膜を強化する液。水性、油性、スプレーの3種類あり、本書では水性ストレンスナーを使用（油性ストレンスナーは火気厳禁、屋外で使用すること）。

1

ディップ液に混ぜて使うことはできない。ディップの膜が完全に乾いてから、根元までつける。

2

液をしっかり振り落とす。

3

スポンジに挿して完全に乾かす（半日以上）。付けて乾かす事を繰り返すと、より丈夫になる。

作品別、パーツの着色説明

カラーで確認しておきたい作品をピックアップして紹介します。色を塗ったら、乾燥させてから次の作業をするのが基本です。

03 ハナミズキ（P.54）

白調合液でディップし、乾燥後、表面根元にマニキュア（薄緑）を塗る。

表面くぼみにマニキュア（茶）を塗る。

白調合液でディップし、乾燥後、表面ふちにマニキュア（薄ピンク）、くぼみにマニキュア（茶）を塗る。

07 イタリアンパセリ（P.60）

葉の先端にグリーンをつけ、緑調合液をベースにフレームづけする（P.35参照）。

04 クローバー（P.56）

指定の色でディップする。
（a色／リーフグリーン）…三つ葉（大）（小）各2本。
（b色／緑調合液）…四つ葉（大）1本、（小）2本。
（c色／黄緑調合液）…三つ葉（大）（小）各2本。

乾燥後、表面にマニキュア（白）で模様を描く。

08 すみれ（P.62）

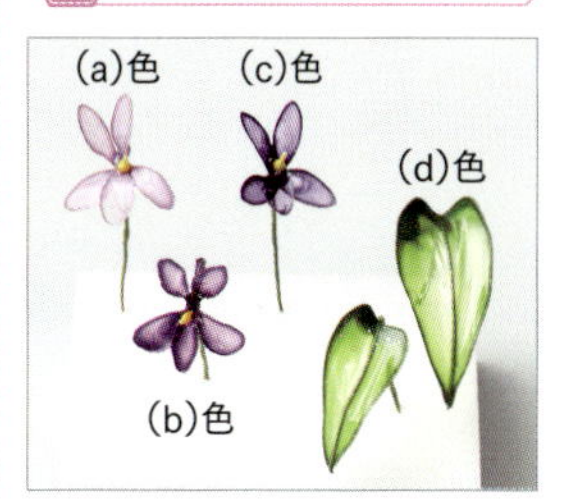

（a）ライトバイオレット、（b）パールバイオレット、（c）紫調合液、（d）リーフグリーンでディップし、乾燥させる。

05 百合（P.58）

白調合液でディップし、乾燥後、花弁の表面中央に目打ちで緑調合液の線を描く。

乾燥させる。

10 プルメリア（P.64）

白調合液でディップし、乾燥後、表面中心にマニキュア（黄）を塗る。

12 胡蝶蘭（P.68）

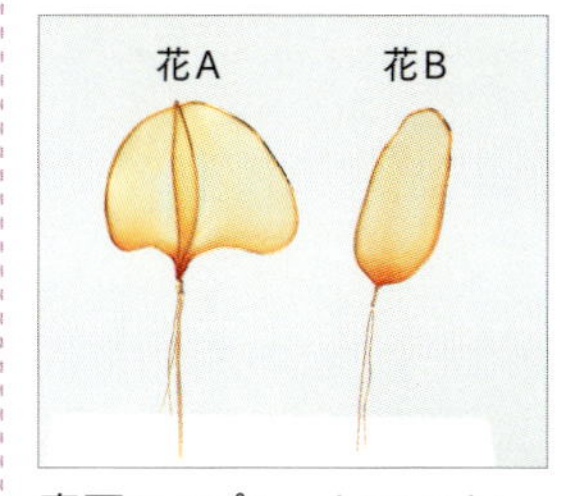

裏面にスプレー（ホワイト）し、乾燥させる。

14 シャンパンローズ（P.72）

クリヤーでディップし乾燥後、花（大）Aの裏面にマニキュア（シャンパン）を塗る。

クリヤーでディップし乾燥後、花（大）B、花（小）の裏面にマニキュア（白パール）を塗る。

クリヤーでディップし乾燥後、葉の裏面にマニキュア（グレーパール）を塗る。

17 どんぐり（P.76）

葉（小）はゴールドでディップし、乾燥後、表面くぼみにマニキュア（茶）を塗る。

15 紅葉（P.48） ※(a)～(d)は上下とも単色。

(a)色…上下ともレッド単色。

(b)色…上下ともオレンジ単色。

(c)色…上下ともゴールデンイエロー単色。

(d)色…上下ともライトグリーン単色。

※(e)～(g)は上のみ後づけマーブル、下は単色。

上…オレンジのベースで、先端にレッドを流す。
下…オレンジ単色。

上…ゴールデンイエローベースで、先端にオレンジを流す。
下…ゴールデンイエロー単色。

上…ゴールデンイエローベースで先端にライトグリーンを流す。
下…ゴールデンイエロー単色。

16 コスモス（P.74）

裏面にマニキュア（濃ピンク）を塗り、表面中心に(白)を塗る。

裏面にマニキュア(白)を塗り、ふちと表面中心に(薄ピンク)を塗る。

裏面にマニキュア(パールピンク)を塗り、表面中心に(濃ピンク)を塗る。

裏面にマニキュア(白)を塗り、ふちと表面中心に(濃ピンク)を塗る。

裏面にマニキュア(パールピンク)を塗り、表面中心に(白)を塗る。

13 どくだみ（P.70）

とんがりペップにボンドでビーズを貼り、乾燥後マニキュア(黄緑)を塗る(P.32参照)。

葉の先端にチェリーレッドをつけ、緑調合液をベースにフレームづけする(P.35参照)。

乾燥後、葉の裏面にスプレー(ホワイト)する。

18 クリスマスローズ（P.78）

指定色でディップする。
花A（大）（小）…茶調合液

花B…白調合液でディップし乾燥後、表面根元にマニキュア(薄緑)を塗り、乾燥後ペンで模様を描く。

いずれもクリヤーでディップし乾燥させる。
花B花芯…裏面にマニキュア(薄緑)を塗り、乾燥させる。
花C花芯…先端に3D絵の具を塗り、乾燥させる。

花C
花D

いずれもクリヤーでディップし乾燥後、裏面に指定のマニキュアを塗り乾燥させる。
花C…(薄緑)、(白)、(ピンク)。
花D…(茶)、(ピンク)※花Dの詳細はP.91参照。

ゴールドでディップし乾燥させる。

22 アルストロメリア(P.83)

クリヤーでディップし、裏面にマニキュア(薄橙)を塗る。表面くぼみにマニキュア(橙)を塗る。

クリヤーでディップし、裏面中央にマニキュア(黄)を塗り、乾燥後、(薄橙)を全体に塗る。

表面にペン(ボルドーブラック)で点々を描く。

花芯は先端に3D絵の具(208)を塗る。

19 シンビジウム(P.80)

クリヤーでディップし、乾燥後、裏面にマニキュア(緑)を塗り、花Bの表面ふちに(濃ピンク)を塗る。

20 スイートピー(P.81)

クリヤーでディップし、乾燥後裏面上部にマニキュア(濃ピンク)を塗り乾燥後、裏面全体に(薄ピンク)を塗る。

21 忘れな草(P.82)

クリヤーでディップし、乾燥後、裏面にマニキュア(水色)を塗り、表面中心に(白)を塗る。

26 朝顔(P.87)

DXパールでディップし、乾燥後表面ふちにマニキュア(薄青)を塗る。

25 トルコキキョウ(P.86)

クリヤーでディップし、乾燥後、裏面のふちにマニキュア(紫)を塗り乾燥させる。

裏面の透明な部分にマニキュア(白)を塗る。

29 雪椿(P.90)

花びらは白調合液でディップし、乾燥後、表面に目打ちですくったホットピンクを垂らし、模様を描く。

花芯は先端に3D絵の具(206)を塗る。

花のまとめ方・アクセサリーの仕立て方

※花びらや葉をディップし、ストレンスナーでコーティングしたら、１枚ずつ形やバランスを考えてまとめる。

フラワーテープの使い方

〈共通〉

フラワーテープは、ずれないように指で押さえながら、花首から巻き始める。

斜め下に引っ張りながら巻くと、粘着が増す。

〈複数の花を１つにまとめる〉

複数の花（葉）を、残すワイヤーの下で１つにまとめ、フラワーテープを巻く。

〈複数の花を順にまとめる〉

複数の花（葉）をずらしながら順に巻いていく。

ねじり巻きのまとめ方

※P.68「小菊」で説明

1

花の根元のワイヤーを１本に切る。

2

まとめるパーツ全ての中心に目打ちで穴を開ける。

3

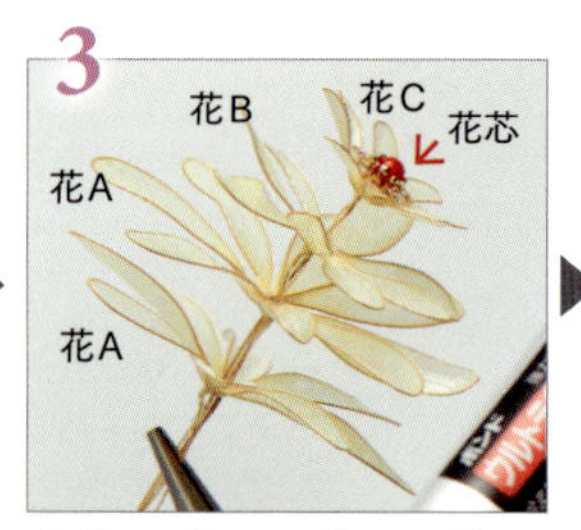

花芯→花C→花B→花A2枚の順に、ボンドをつけながらワイヤーを通す。

4

花びらが重ならないように整える。

カンの使い方

丸カン・Cカン

1

丸カンのつなぎ目が上中心になるよう、平ヤットコ２本ではさむ。

2

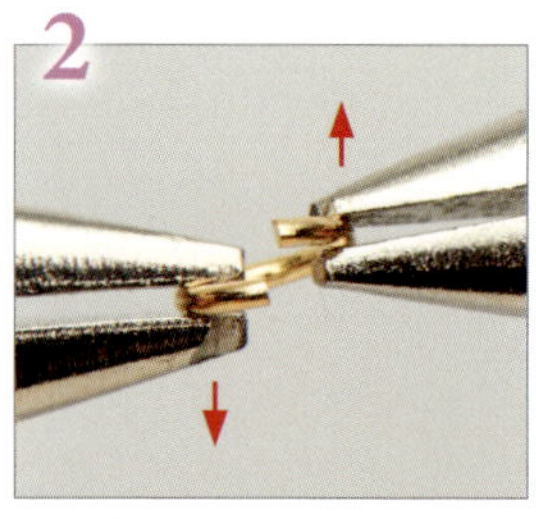

つなぎ目部分を前後にずらしてカンを開く（閉じるときも同様）。

NG

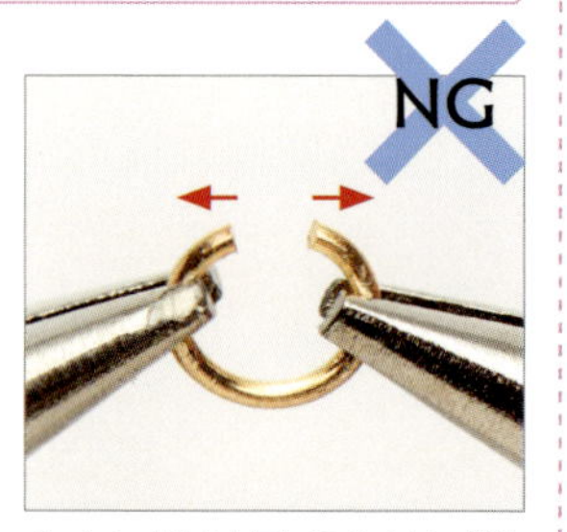

左右に開くと円がゆがんだりすき間ができやすく、きれいに閉じるのが難しい。

三角カン

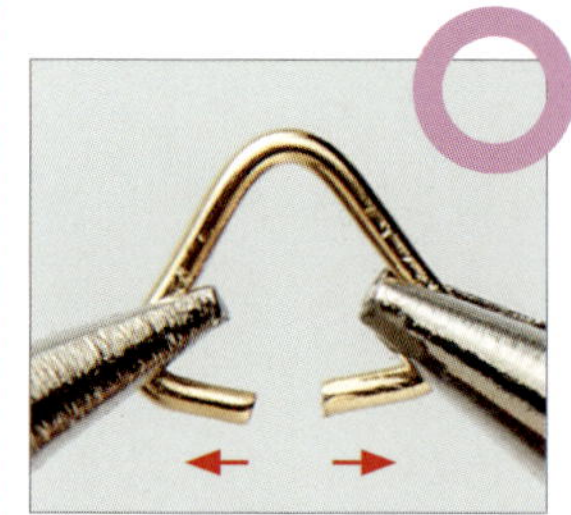

三角カンは丸カン、Cカンと異なり、平ヤットコで左右に引っ張る（閉じるときも同様）。

別ワイヤーでまとめる

基本 ※P.58「百合」一重で説明

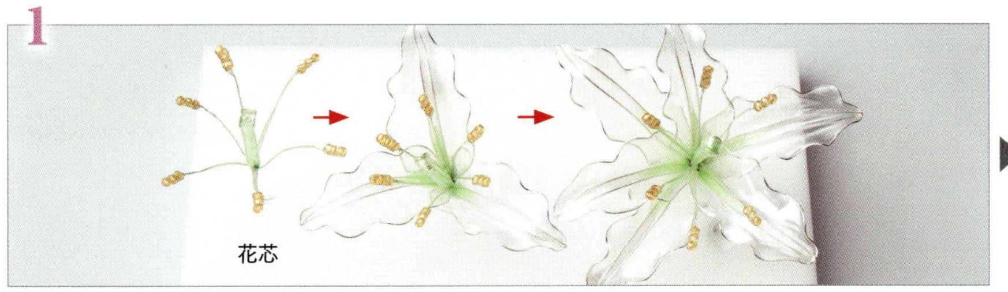

花芯に花びら3枚を添え、別ワイヤー(#28)で2回きつく巻く。花びらが重ならないようにさらに3枚重ねて同様に巻く。

花びらを整え、根元からフラワーテープを巻き下ろす。

同じ高さで複数回まとめる ※P.50「タンポポ」で説明

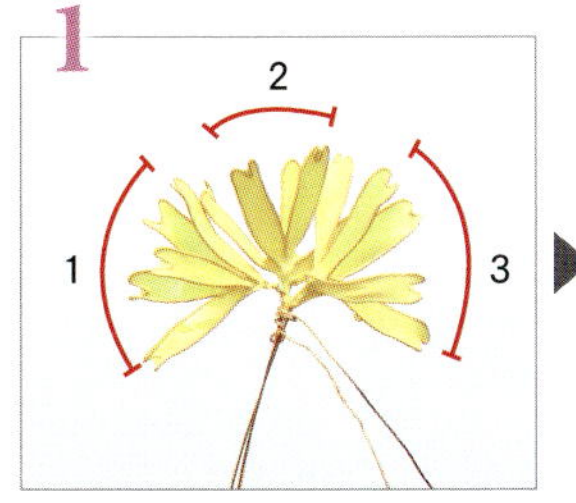

花(小)3本を束ね、根元を別ワイヤー(#30)できつく巻く。

花(小)5本を1の根元に束ね、別ワイヤー(#30)できつく巻く。

花(大)8本を2の根元に、別ワイヤー(#30)できつく巻く。

3の根元からフラワーテープを巻き下ろす。

高さを変えて複数回まとめる ※P.68「胡蝶蘭」で説明

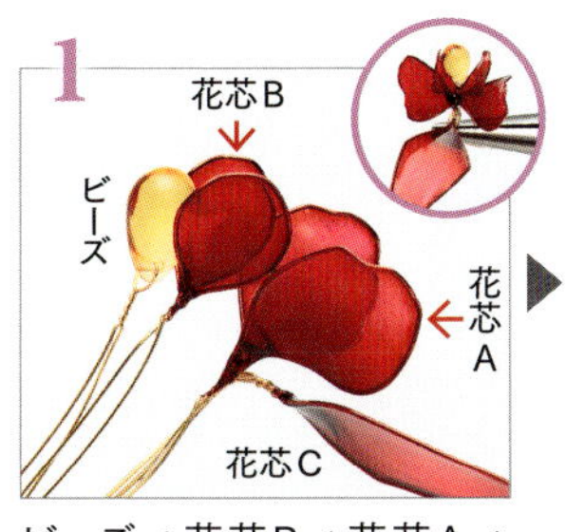

ビーズ→花芯B→花芯A→花芯Cの順に、テープで巻く。

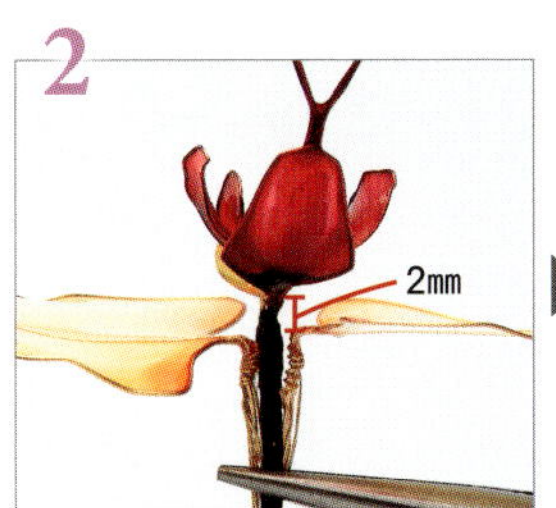

1の根元から2㎜下げ、花A2枚をつけ、テープを巻く。

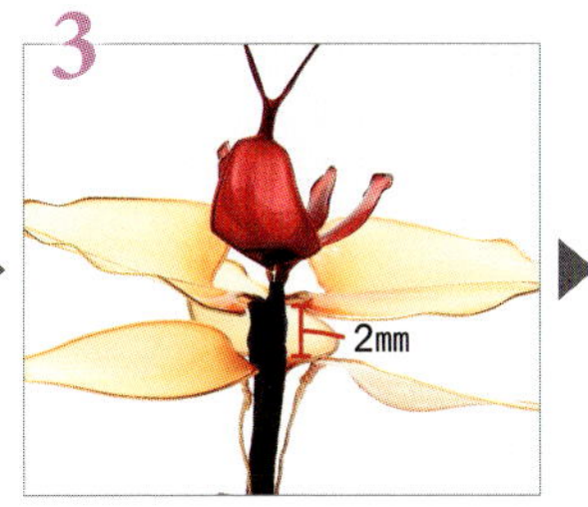

2の根元から2㎜下げ、花B3枚をつけ、テープを巻く。

花の形を整える。

Tピン、9ピンの丸め方 ※P.91「クリスマスローズ」で説明

Tピンにパーツを通す。

パーツの底を指で押さえながら、Tピンを根元から直角に折り曲げる。

根元から7㎜で切る。

丸ヤットコでピンの先端をはさみ、手首を回転させ、ピンを丸めて輪を作る。

パーツのめがね留め ※P.76「どんぐり」どんぐり（小）で説明

1

へたのワイヤー2本にパーツ（座金やパール）を通す。

2

1のワイヤーを1本根元で切る。

3

指で根元から直角に曲げる。

4

丸ヤットコではさみ、手首を回転させ、ワイヤーを丸めて輪を作る。

5

輪の根元にワイヤーを2回巻きつける。

6

余分なワイヤーを切る。

7

形を整えて輪をまっすぐにする。

8

完成。

パーツのボタン留め（スカシパーツ・メタルパーツなど）

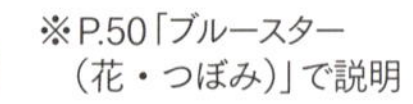

※P.50「ブルースター（花・つぼみ）」で説明

1

花とつぼみをテープで一つにまとめ、その足をメタルパーツに通す。

2

違う穴から足を上へ引き出す。

3

花の根元とスカシパーツにワイヤーを2～3回巻き付け、余分なワイヤーを切る。

4

巻き付けた部分に少量のボンドを塗る。

ボンドで貼る

※P.70「どくだみ」ネックレスで説明

スカシパーツにパーツをボンドで貼る。

※P.86「トルコキキョウ」で説明

ピアス皿にスカシキャップ→花→花座→花芯の順にボンドで貼る。

カツラをつける

1

革ひもにボンドをつける。

2

カツラをつける。

かんざしのまとめ方

※P.74「コスモス」で説明

花と葉をまとめた部分から3cmで切る。

1をかんざしに沿わせてテープを巻き、固定する。

2にボンドをつけ、すき間なくにしき糸を巻く。

にしき糸の巻き終わりにボンドをつけて仕上げる。

コームのまとめ方

※P.64「プルメリア」で説明　※わかりやすいよう、地巻ワイヤーで説明

花と葉をまとめた部分から2cmで切る。

まとめた部分にボンドをつけ、すき間なくにしき糸を巻く。

コームに合わせワイヤー（#30）で固定し、巻き終わりをねじる。

ワイヤーを切り、断面をペンチで押さえ、ボンドで固定する。

ブローチのまとめ方

※P.62「すみれ」で説明

花と葉をまとめた部分から2cmで切る。

回転ピンをボンドでつける。

テープで固定する。

※P.78「クリスマスローズ」で説明

テープの上にボンドをつけ、にしき糸を巻く。

ネックレスのまとめ方

チェーンの端にカニカン（引き輪）をCカン（丸カン）でつなぐ。

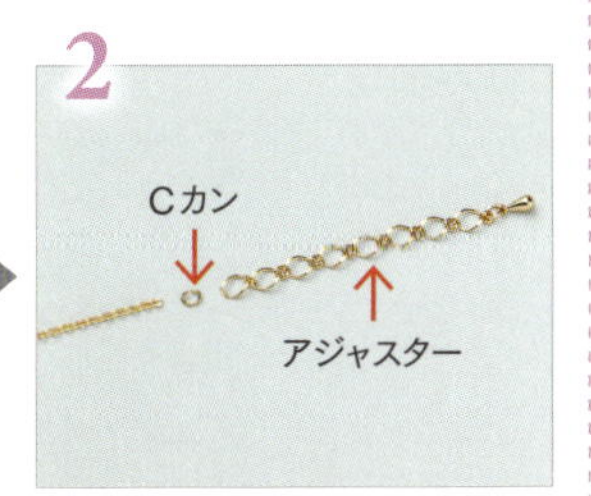

チェーンの端にアジャスター（ダルマカン）をCカン（丸カン）でつなぎ、完成。

スカシパーツの付け方

※P.54「ハナミズキ」で説明

花と葉をまとめた部分から1cmで切る。

スカシパーツに合わせワイヤー（#28）で2カ所巻いて固定する。余分なワイヤーを切る。

作品の作り方

06 ラナンキュラス 難易度 ★★★

作品ページ → P.11　型　紙 → P.94

表記：㋐ネックレス　㋑コーム　㋒ピアス

㋐ネックレス

㋑コーム

㋒ピアス

〈材料〉 ※(G)ゴールド、(S)…シルバー

ワイヤー

#26(G)…㋐、㋑
#28(S)、#30(S)… 共通

着色

● **ディップ液** ※ラナンキュラス(大)・(小)に使用

(a) パールイエロー…㋐(小)
(b) 黄調合液 パールイエロー5：ゴールデンイエロー5 …㋑(大)
(c) 緑調合液 パールイエロー9：リーフグリーン1 …㋑(小)
(d) ピンク調合液 クリヤー5：フレヤーピンク5 …㋐(大)、㋒(小)

花資材

ラナンキュラス　花芯用パール(黄緑)4㎜…㋐4個×3、㋑㋒各4個×2
カモミール　花芯用ビーズ(薄緑)丸小…㋐・㋑適量

資材

パールチェーン(G)8㎜…48㎝
メタルチェーン(G)リング35㎜…1個
メタルチェーン(G)カーブ85㎜…1個
カニカン(G)…1個
Cカン(G)1.0×5×6㎜…4個
…㋐

パール(濃ピンク)6㎜…5個
パール(薄ピンク)10㎜…4個
パール(白)10㎜…2個
コーム(G)20山…1個
…㋑

ピアス(G)U字…1組
スカシパーツ(G)雫…2個
…㋒

フラワーテープ(緑)半幅…共通

レシピは他ページ参照

ラナンキュラス以外のパーツについてはP.50、60のレシピを参照して作る。本数は〈下準備〉で確認。

〈下準備〉 ※わかりやすいよう、地巻きワイヤーで説明

● ラナンキュラス(大、小)

複数回巻き

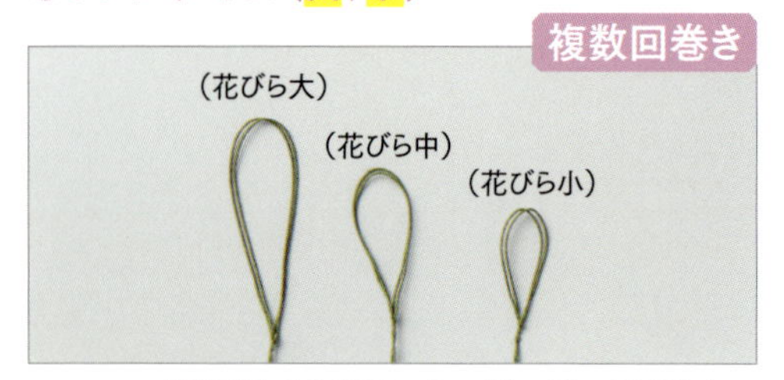

ラナンキュラス(大)
ラナンキュラス(小)

(花びら大)#28・3㎝ゲージ・2回巻き…㋐7本、㋑7本
(花びら中)#28・2㎝ゲージ・2回巻き…㋐15本、㋑10本、㋒10本
(花びら小)#28・1.5㎝ゲージ・2回巻き…㋐15本、㋑10本、㋒10本

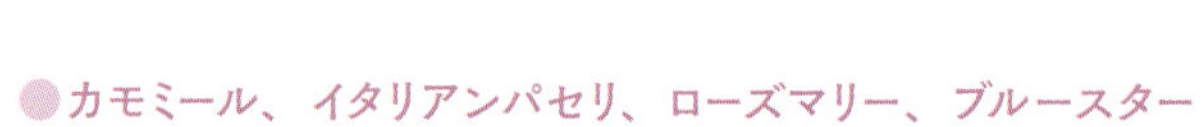

● カモミール、イタリアンパセリ、ローズマリー、ブルースター

レシピはP.50、60参照

P.60参照→カモミール（㋐・㋑各3輪）花芯は丸小ビーズに変更。
イタリアンパセリ（㋐4輪、㋑1輪）、ローズマリー（㋑2本）。
P.50参照→ブルースター（花／㋐3輪、㋑1輪）（つぼみ／㋑2輪）

〈ラナンキュラスを作る〉

※ラナンキュラス(大)…花びら(大、中、小)を使用、ラナンキュラス(小)…花びら(中、小)を使用

1 花びら(大、中、小)

花びらは、指で細かくウェーブを入れ(P.33参照)、型紙通りに形付ける。

2

重ならないよう左右に広げ、指定色でディップし、乾燥させる。

3

ストレンスナーをつけ、乾燥させ、根元のワイヤーを1本に切る。

4 花芯

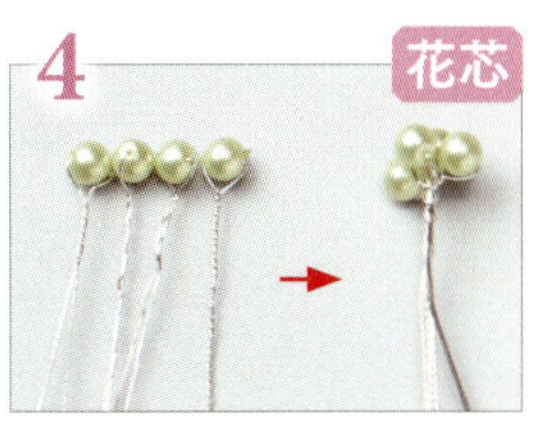

別ワイヤー(#30)10cmに花芯用パールを通し3回ねじったものを、4本まとめてねじる(P.32参照)。

5 ラナンキュラス(大)

4の花芯に花びら(小)5本を別ワイヤー(#30)で巻き、束ねる。

6

5に花びら(中)5本→(大)7本の順に別ワイヤー(#30)でまとめ、テープを巻く。

7 ラナンキュラス(小)

4の花芯に、花びら(小)5本を別ワイヤー(#30)でまとめ、同様に(中)5本を別ワイヤー(#30)でまとめ、テープを巻く。

〈カモミールを作る〉

8

カモミール(P.60参照)の中心にボンドでビーズ(丸小)をつける(P.32参照)。

〈ネックレスに仕立てる〉

1 用意するパーツ

ラナンキュラス(大)…(d)色1輪、**ラナンキュラス(小)**…(a)色2輪。
カモミール…3輪、**ブルースター**…(花)3輪。
イタリアンパセリ…4枝。

2

パールチェーンの端に、メタルリングとカニカンをそれぞれCカンでつなぐ(P.43参照)。

3

パールチェーンを中心で切り、切った部分とメタルカーブをCカンでつなぐ。

4

枝

メタルカーブ

葉と花を、写真の順にテープで巻く(全長8cm)。3のメタルカーブに枝を別ワイヤー(#26)で巻いて固定し、端にボンドを塗る。

※わかりやすいよう、3のパールチェーンを外した図で説明

〈コームに仕立てる〉

1 用意するパーツ

ラナンキュラス(大)…(b)色1輪、**ラナンキュラス(小)**…(c)色1輪。
カモミール…3輪、**イタリアンパセリ**…1枝、ローズマリー…2枝。
ブルースター…(花)1輪、(つぼみ)2輪。

2

別ワイヤー(#26)20cmにパールを写真の順に通す。(2本)

※見やすいよう、地巻きワイヤーで説明

3

上段パールを固定してから、下段は左端パールを1粒はみ出すようにつける。

4

葉と花を、写真の順にテープで巻き、(長さ6cm)、コームに仕立てる(P.43参照)。

※にしき糸は巻かない。

〈ピアスに仕立てる〉

1

スカシパーツ下部にラナンキュラス(小)(d)色をボタン留めし(P.42参照)、ピアスに通す。2組作る。

09 多肉植物 難易度 ★☆☆

作品ページ → P.14　型 紙 → P.94

表記：㋐ネックレス　㋑イヤリング　㋒ピアス

〈材料〉 ※(G)ゴールド

ワイヤー

#28(G)、#30(G)…共通
#24(地巻き)…㋐

着色

●**ディップ液**

クリヤー
薄緑調合液 クリヤー9：スノーホワイト1 ＋リーフグリーン微量
緑調合液 クリヤー8：リーフグリーン2
…㋐、㋑

リーフグリーン…㋐、㋒

●**マニキュア**

薄紫…㋐、㋑

花資材

すけるくん(透明樹脂粘土)…共通

資材

スエードテープ(グレー、ベージュ)2㎜×25㎝…㋐各2本
カニカン、アジャスター(G)…㋐1組
カツラ(G)2㎜…㋐4個
フラワーテープ(緑)半幅…㋐
イヤリング(G)スカシパーツ付…㋑1組
ピアス(G)フック式…㋒1組
チェーン(G)5㎝…㋒2本
Cカン(G)…㋐4個、㋒10個

㋐ネックレス

㋑イヤリング　カランコエ　エケベリア　セダム

㋒ピアス　三日月ネックレス

〈下準備〉

●エケベリア(葉特大)　ねじり巻き

#28・1.5㎝ゲージ・間2回ねじり6輪…㋐2本

●エケベリア(葉大)　ねじり巻き

#28・1.2㎝ゲージ・間2回ねじり6輪…㋐5本、㋑2本

●エケベリア(葉中)　ねじり巻き

#28・1㎝ゲージ・間2回ねじり6輪…㋐5本、㋑2本

●エケベリア(葉小)　複数回巻き

#28・1㎝ゲージ・3回巻き…㋐5本、㋑2本

●カランコエ(葉大)　ねじり巻き

#28・2㎝ゲージ・間2回ねじり3輪…㋐4本、㋑4本

●カランコエ(葉小)　ねじり巻き

#28・1.5㎝ゲージ・間2回ねじり3輪…㋐2本、㋑2本

●セダム・三日月ネックレス

#30・6㎝…㋐32本、㋑16本、㋒10本

〈作り方〉

●A セダム・三日月ネックレス →

1

粘土を適量とりよく練り、セダムは俵形、三日月ネックレスは曲玉に形成する。

2

#30(6㎝)を挿し、先端のワイヤーをU字に曲げ、抜けないようにし、乾燥させる。

3

透明になったらかぶせづけする(P.35参照)。(緑調合液)…セダム、(リーフグリーン)…三日月ネックレス。

4

セダムは先端にマニキュア（薄紫）を塗る。(㋐32粒…4個分、㋑16粒…2個分)

5

セダムは8粒で1セット(1個分)。中心が高くなるよう、根元ワイヤー1本でねじって固定する。

6

三日月ネックレスは根元でめがね留めする(P.42参照)。

● **B エケベリア** ※エケベリア(緑小・紫)…葉(大、中、小)を使用、エケベリア(緑大)…葉(特大、大、中、小)を使用

7

先端を全てペンチでとがらせ、型紙通りに形付け、全てディップし、乾燥させる。

8

緑はリーフグリーン、クリヤーは裏面にマニキュア（薄紫）を塗る(P.36参照)。

9

(葉特大)(葉大)(葉中)の中心に目打ちで穴を開ける。

10

緑小と**紫**は、(葉小)→(葉中)→(葉大)の順に通す。**緑大**はさらに(特大)を通して根元ワイヤーをねじってまとめる。

● **C カランコエ**

11

ペンチで先端をとがらせ、型紙通りにギザギザ葉にする(P.33参照)。

12

薄緑調合液でディップし、乾燥させ、表面横にマニキュア(薄紫)を塗る。

13

中心に目打ちで穴をあけ、(葉小)→(葉大)2枚の順に通し、根元ワイヤーをねじってまとめる。

14

10と13にストレンスナーをつけ、乾燥させる。

〈ネックレス〉

1. #24（地巻き）20cmをテープで巻き、先端をめがね留めする(P.42参照)。
2. A→B(緑小)→C＋B(紫)→A→B(緑大)→C＋A→B(緑大)→B(紫)→Aの順にテープで巻く。a
3. 巻き終わりをめがね留めする(P.42参照)。
4. 1と3のめがね留め部分にスエードテープ2本を結ぶ。
5. スエードテープの片端にボンドをつけ、カツラを4個つける(P.42参照)。
6. カツラそれぞれにCカンをつけ、カニカンとアジャスターにつなぐ。(P.43参照)。

〈イヤリング〉

1. A、B(紫)、Cをスカシパーツにそれぞれ1個ずつボタン留めする(P.42参照)。これを2個作る。b

〈ピアス〉

1. 5cmチェーンに、三日月ネックレスを5個ランダムにCカンでつける。c
2. ピアスにチェーンを通す。

表記：Aセダム、Bエケベエリア、Cカランコエ

a

b

c

⑮ 紅葉 難易度 ★★★

作品ページ → P.20　型　紙 →前見返し

表記：㋐かんざし　㋑コーム　㋒ピアス

〈材料〉 ※(G)ゴールド

ワイヤー

#28（G）、#30（G）…共通
#26（G）…㋐

着色

●**ディップ液**

レッド…㋐、㋒
オレンジ、ゴールデンイエロー…各共通
ライトグリーン…㋑

資材

かんざし（G）…㋐1本
コーム（G）20山…㋑1個
ピアス（G）カン付…㋒1組
チェーン（G）…㋒5㎝…2本
銅玉（G）3㎜…㋒6個
Cカン（G）…㋒8個
フラワーテープ（茶）半幅…㋐
にしき糸（G）…㋐㋑

〈色の説明〉 ※P.38参照

単色

● (a)色　葉（上・下）ともレッド
● (b)色　葉（上・下）ともオレンジ
● (c)色　葉（上・下）ともゴールデンイエロー
● (d)色　葉（上・下）ともライトグリーン

マーブル

● (e)色　葉（上）…オレンジベースで先端にレッド
　　　　葉（下）…オレンジ単色
● (f)色　葉（上）…ゴールデンイエローで先端にオレンジ
　　　　葉（下）…ゴールデンイエロー単色
● (g)色　葉（上）…ゴールデンイエローで先端にライトグリーン
　　　　葉（下）…ゴールデンイエロー単色

〈後づけマーブルのやり方〉

ベース色をつける

成形したワイヤーをベース色に斜めに挿入して根元までつけ、斜めに引き上げ膜を張る。

先端に色を流す

乾かないうちに葉の先端でマーブル色をすくい、上向きにしてマーブル色を流す。

〈下準備〉

●葉大（上・下）

複数回巻き

根元をつぶさない

根元をつぶさない

（上）　#28・2㎝ゲージ・3回巻き…㋐13本・㋑6本
（下）　#28・1.5㎝ゲージ・4回巻き…㋐13本・㋑6本

●葉小（上・下）

（上）　#28・1.5㎝ゲージ・3回巻き…㋑6本・㋒6本
（下）　#28・1㎝ゲージ・4回巻き…㋑6本・㋒6本

〈作り方〉※大・小共通

1

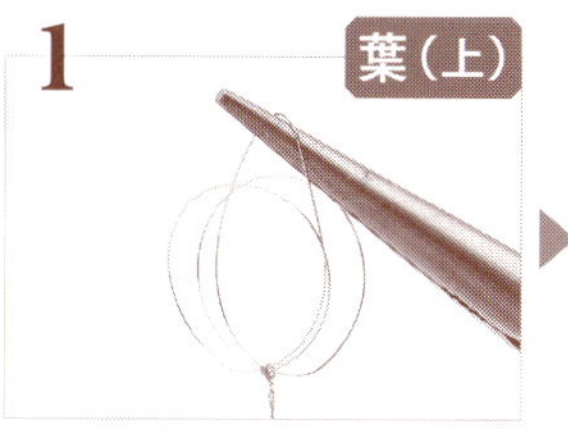

葉（上）の中心1輪をペンチで引き上げる（P.28参照）。

2

根元と先端をつぶし、広げる。

3

葉（下）の外側2輪をペンチで引き上げる。

4

根元と先端をつぶし、広げる。

5

2、**4**にペンチでウエーブをつけ、型紙通りに形付ける。

6

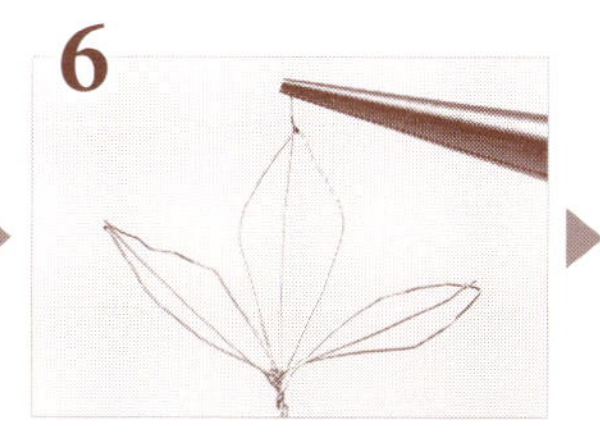

葉（上）に別ワイヤー（#30）3本でシングルブリッジする。

7

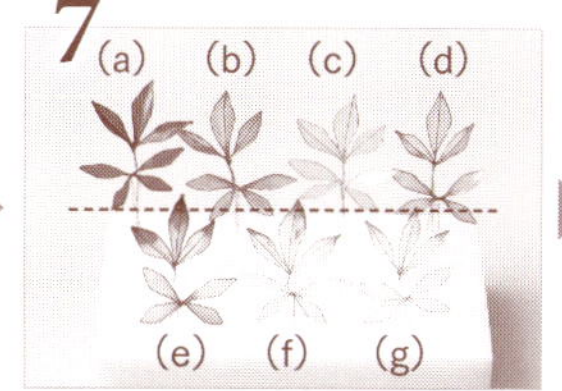

全て(a)～(g)の指定色でディップし、乾燥させる（色説明P.38参照）。

8

上の葉と下の葉を直角になるように束ね、ワイヤーをねじり、ストレンスナーをつけて乾燥させる。

〈かんざしに仕立てる〉※葉大サイズ13枚を使用

1. 葉(a)色1枚の根元に、別ワイヤー#26（15cm）1本を添え、テープを巻く。
2. 葉12枚は根元からテープを4cm巻く。
3. **1**の葉(a)色の根元から4cmに葉(a)色→(a)色→(e)色→(a)色→(e)色→(f)色の順に1.5cm間隔で、テープを巻く。（根元から約2.5cm）。 **a**
4. 葉(a)・(c)・(e)・(f)色各1枚＋(b)色2枚をまとめ、テープを巻く（根元から約3cm）。 **b**
5. **3**と**4**をまとめ、根元3cmで切り、かんざしに仕立てる（P.43参照）。

a

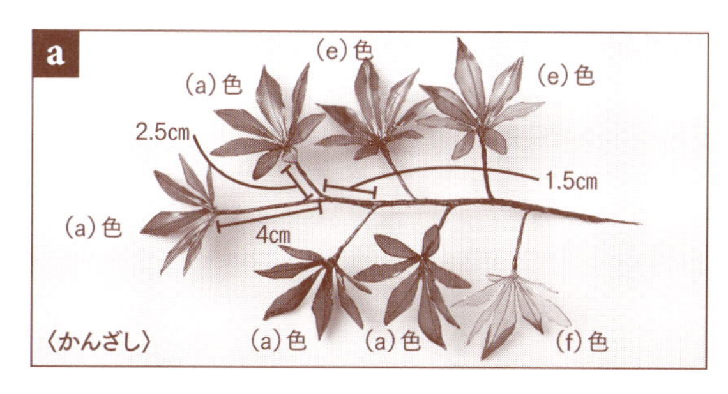

〈コームに仕立てる〉※葉大サイズ6枚・葉小サイズ6枚を使用

1. 葉（大・小）の根元ワイヤーを2cmねじる。
2. 【大(d)色＋小(c)色 】→【大(g)色＋小(d)色】→【大(f)色＋小(b)色】→【大(b)色＋小(c)色】→【大(f)色＋小(b)色 】→【大(b)色＋小(f)色】の順に1cm間隔で、ワイヤーをねじりながらまとめボンドで固定する。 **c**
3. **2**を根元2cmで切り、コームに仕立てる（P.43参照）。

b

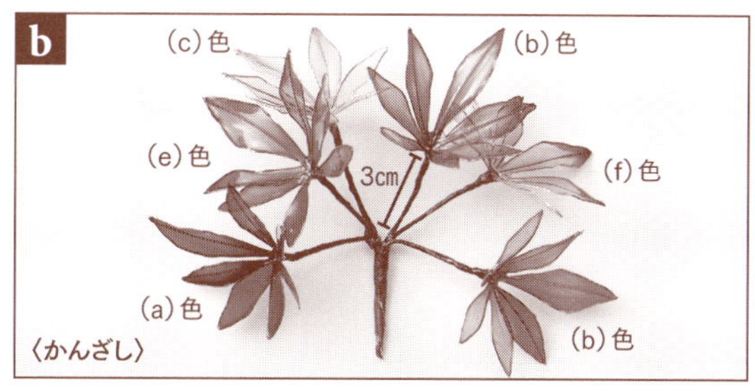

〈ピアスに仕立てる〉※葉小サイズ6枚を使用

1. 葉の根元ワイヤーを1本に切り、銅玉を通し、丸ヤットコでめがね留めする（P.42参照）。これを6個作る。
2. チェーンに(a)色→(b)色→(c)色の順に、Cカンでつなぐ（2組）。
3. **2**をCカンでピアスにつなぐ。

c

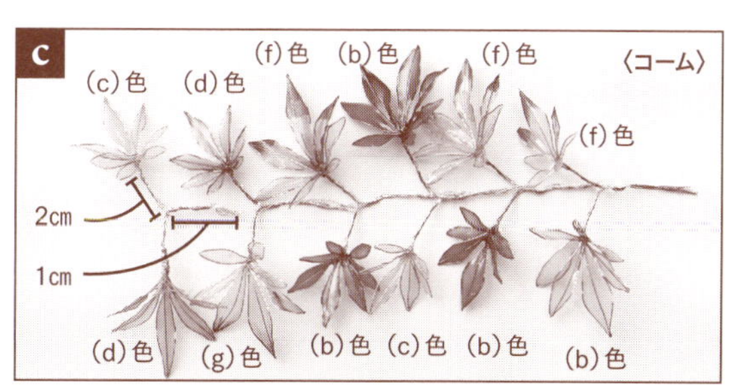

01 タンポポ、ブルースター

難易度 ★★☆

作品ページ → P.6　型紙 → P.92

表記：㋐ネックレス　㋑コサージュ

㋐ネックレス

㋑コサージュ

〈材料〉 ※（G）…ゴールド、（S）…シルバー

ワイヤー

#26（G）、#30（G）…共通

着色

●ディップ液

ライトブルー…（ブルースター花・つぼみ）共通

黄調合液 クリヤー8：ファーストイエロー2 …（タンポポ花）共通

緑調合液 リーフグリーン9：ファーストイエロー1 …（葉・がく）共通

花資材

花芯用　花キャップ（S）6㎜…5個
花芯用　パール（白）4㎜…5個
…（ブルースター花）共通

資材

革ひも（こげ茶）2㎜幅45㎝…1本
曲パイプ（G）四角4×36㎜…2個
メタルパーツ（G）ハニカム21㎜…1個
引き輪・アジャスターセット（G）…1組　※Cカン入り
カツラ（G）2.2㎜…2個
キャンディビーズ（白）7.5㎜…5個
…㋐

回転ピン（G）…1個
リボンヘアフック（G）…1個
…㋑

フラワーテープ（緑）半幅…共通

〈下準備〉

●タンポポ 花（大）

#30・1.2㎝ゲージ・5回巻き…㋐8本、㋑16本

●タンポポ 花（小）

#30・1㎝ゲージ・5回巻き…㋐8本、㋑16本

●タンポポ 葉

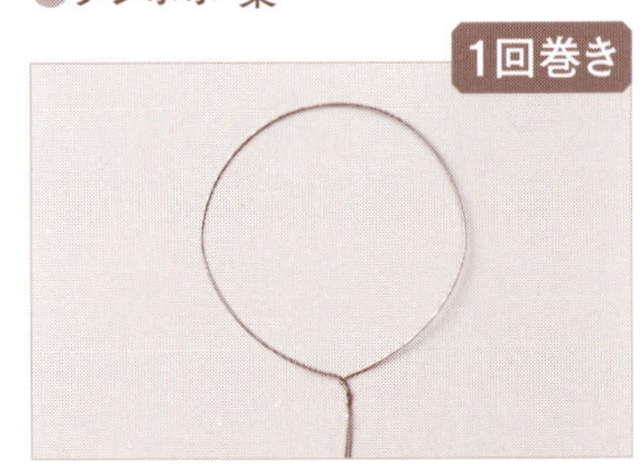

#26・4㎝ゲージ・1回巻き…㋐2本、㋑3本

●ブルースター 花

#30・1.5㎝ゲージ・5回巻き…㋐2本、㋑3本

●ブルースター つぼみ

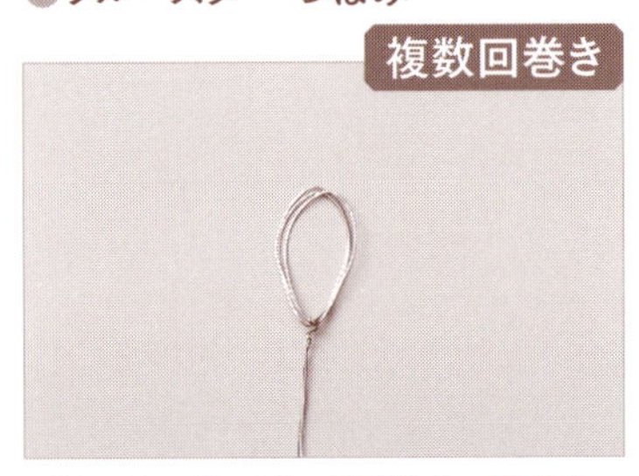

#30・1㎝ゲージ・3回巻き…㋐3本

●ブルースター がく ※花とつぼみ共通

#30・1㎝ゲージ・5回巻き…㋐5本、㋑3本

〈タンポポの作り方〉※花（大・小）共通

1 花

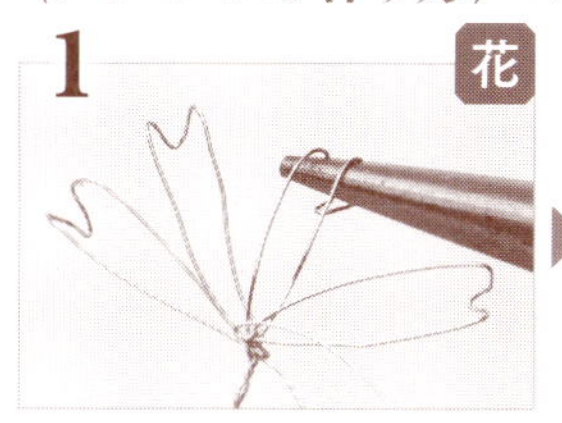

花の先端をペンチでとがらせ、2㎜挟み、後ろへ倒す。

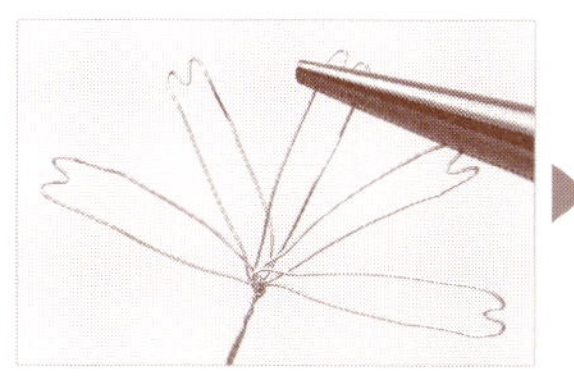

倒した部分をペンチで平らに挟み、型紙通りに形付け、重ならないように広げる。

2 葉

葉はペンチで型紙通りに形付け、別ワイヤー（#26）1本でダブルブリッジする（P.31参照）。

3

全て指定色でディップし、乾燥させ、ストレンスナーをつけ乾燥させる。根元のワイヤーを1本に切る。

4

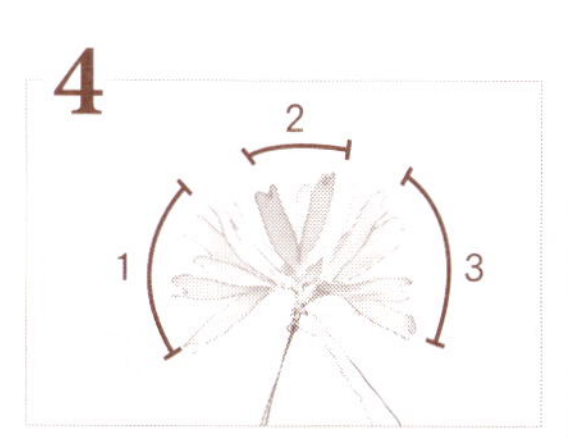

花（小）3本→花（小）5本→花（大）8本の順に根元を別ワイヤー（#30）でまとめ、テープを巻く（P.41参照）。

〈ブルースターの作り方〉※がくは花とつぼみ共通

5 花

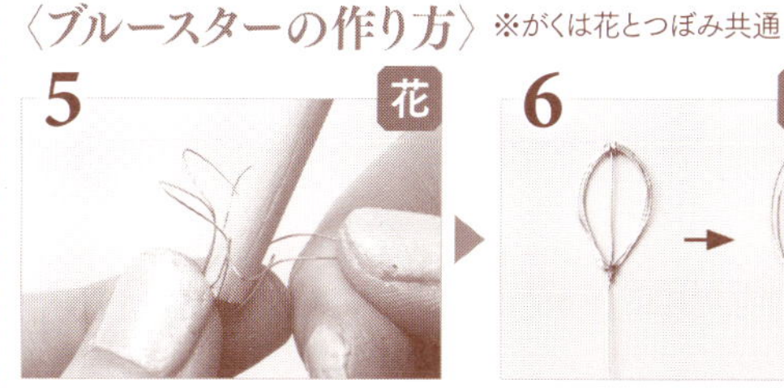

花は指で型紙通りに形付け、直径6㎜の棒を中心に添えたまま、花びらを開く（P.33参照）。

6 つぼみ

つぼみは指で型紙通りに形付け、立体にする（P.30参照）。

7 がく

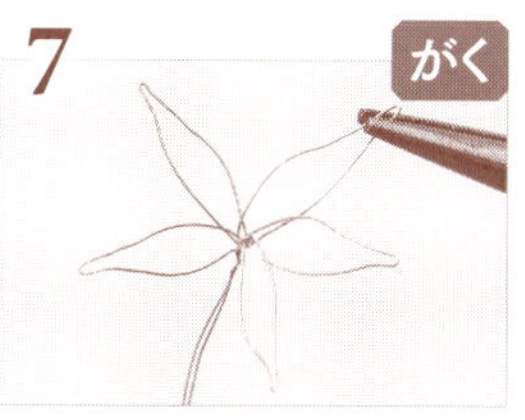

がくは先端をペンチでとがらせ、型紙通りに形付ける。

8

全て指定色でディップし、乾燥させる。つぼみはかぶせづけ（P.35参照）する。

9

全てストレンスナーをつけ乾燥させる。

10

花とつぼみの根元5㎜下にがくを添え、テープを5㎝巻く。

11

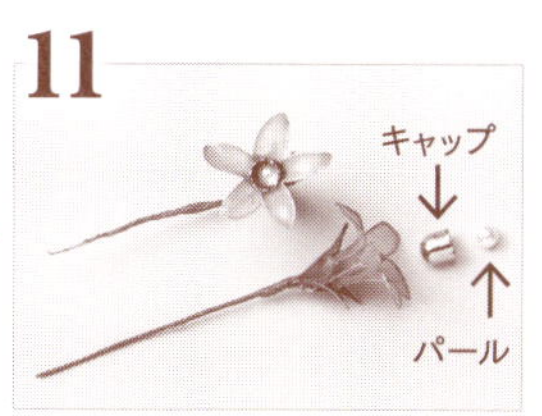

花の中心に花キャップ→パールの順にボンドで貼る。

〈ネックレスに仕立てる〉

1

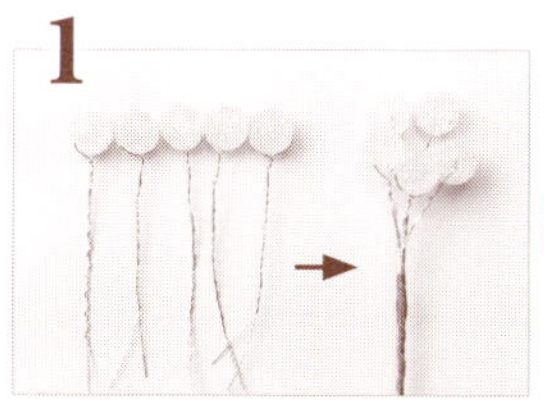

別ワイヤー（#30）10㎝にキャンディビーズを通して、ねじる。5本作り、テープで巻く。

2

タンポポ花1輪、葉2枚をメタルパーツにボタン留めする（P.42参照）。

3

2にブルースター（花2輪、つぼみ3輪）、**1**をボタン留めする。

4

革ひもに、**3**のメタルパーツを通し、パイプを通す。

5

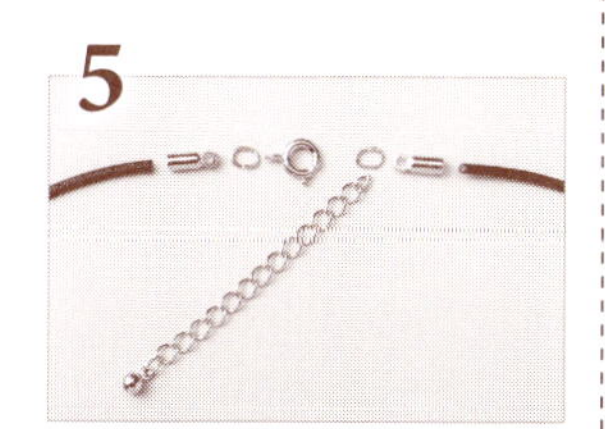

革ひもの先端にボンドでカツラを固定し、アジャスターと引き輪をCカンでつなぐ（P.42、43参照）。

〈コサージュに仕立てる〉

1

タンポポ花2輪、葉3枚、ブルースター花3輪の根元に、別ワイヤー（#26）13㎝を1本ずつ添え、テープで巻く。

2

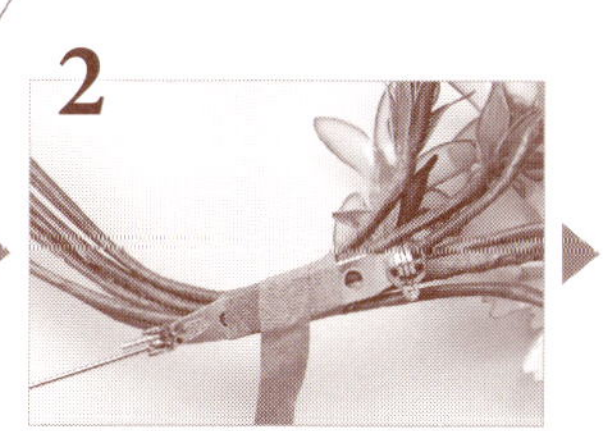

1の茎を束ね、ボンドをつけ、回転ピンに貼り、テープで固定する。ワイヤーの長さを揃えて切る（P.43参照）。

3

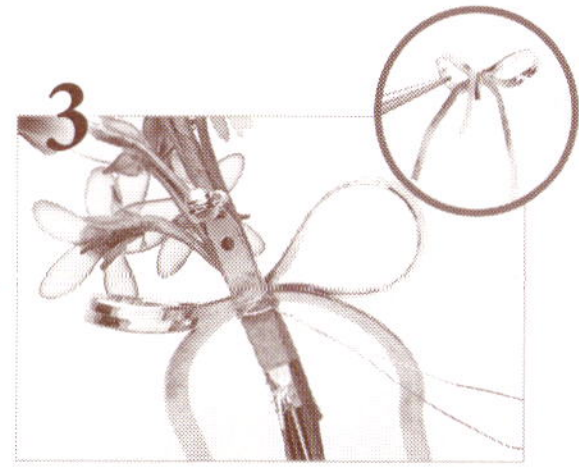

回転ピンのテープを巻いた部分に、別ワイヤー（#26）でリボンへアフックをつける。

02 ワイルドストロベリー 難易度 ★★★

作品ページ → P.7　型 紙 → P.92

表記：㋐コーム　㋑ピアス

〈材料〉 ※(G)…ゴールド

ワイヤー

#26(G)、#30(G)… 共通

着色

●**ディップ液**

レッド…(いちご)共通

リーフグリーン…(いちご・葉・がく)共通

ライトピンク…(花)㋐

白調合液 クリヤー9：スノーホワイト1 …(花)㋐

花資材

花芯用　花座(G)8㎜…㋐5個

花芯用　スワロフスキー(黄)4㎜…㋐5個

種用　ブリオン(G)…適量

資材

コーム(G)20山1個 / フラワーテープ(緑)半幅 …㋐

ピアス(G)U字…1組 / メタルパーツフープ(G)雫…2個 / 銅玉(G)4㎜…2個 / 花座(G)7㎜…2個 …㋑

〈下準備〉

●**花** 複数回巻き

#26・1㎝ゲージ・5回巻き…㋐5本

●**がく** ※花と実共通 複数回巻き

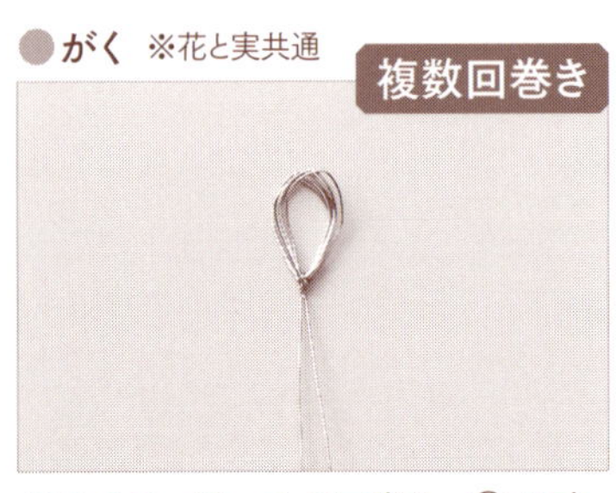

#30・0.8㎝ゲージ・6回巻き…㋐12本、㋑2本

●**いちご(大)** 複数回巻き

#26・2㎝ゲージ・4回巻き…㋐4個

●**いちご(小)** 複数回巻き

#26・1.5㎝ゲージ・3回巻き…㋐3個、㋑2個

●**葉(大)** 1回巻き

#26・4㎝ゲージ・1回巻き…㋐2枚

●**葉(小)** 1回巻き

#26・3㎝ゲージ・1回巻き…㋐4枚

〈作り方〉 ※いちごの(大、小)は共通　※葉の(大、小)は共通　※花と実のがくは共通

1 花

花は指で型紙通りに形付け、内側へ反りをつける。

2 がく

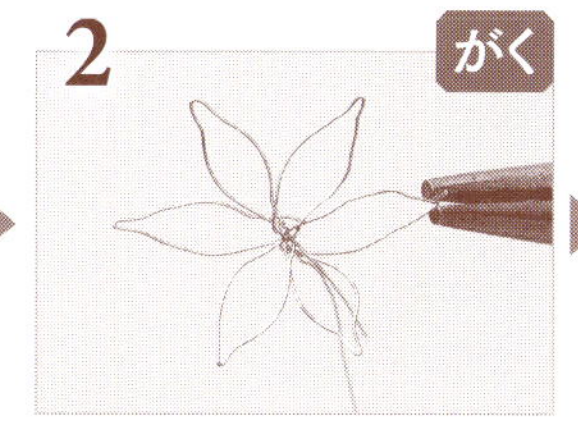

がくは先端をペンチでとがらせ、型紙通りに形付ける。

3 葉

葉はペンチで型紙通りに形付け、別ワイヤー(#30)3本でシングルブリッジする(P.30参照)。

4 いちご

いちごは指で型紙通りに形付け、立体にする(P.30参照)。

5 花、がく、葉

花(白3輪、ピンク2輪)、がく、葉を指定色でディップし、乾燥させる。

6 いちご

いちごはかぶせづけし、乾燥させる(P.35参照)。(コーム…赤(大)4個、赤(小)1個、緑(小)2個。ピアス…赤(小)2個)。

7

いちごの表面にブリオンを1個ずつボンドで貼り、乾燥させる。

8

全てストレンスナーをつけ、乾燥させる。

9 花

花の中心に花芯用花座→スワロフスキーの順にボンドで貼る。

〈コームに仕立てる〉

1 花

がくの中心近くに目打ちで穴を開け、花のワイヤーを通し、テープを巻く。

2 いちご

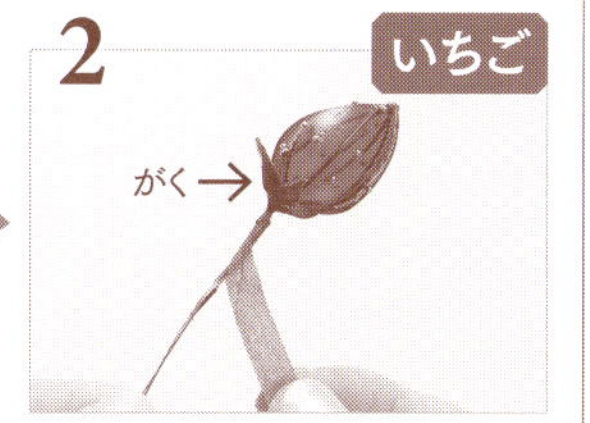

1と同様にいちご全てにがくをつけ、テープを巻く。(赤(大)4個、赤(小)1個、緑(小)2個)。

3

葉(大)1枚、葉(小)2枚を根元でまとめ、別ワイヤー(#26)10㎝を添え、テープを巻く。

4

葉2組といちごをテープでまとめる。

5

4に花もまとめてテープを巻き、ワイヤーを根元から3㎝で切る。

6

にしき糸を巻かずに、コームに仕立てる(P.43参照)。

〈ピアスに仕立てる〉

1

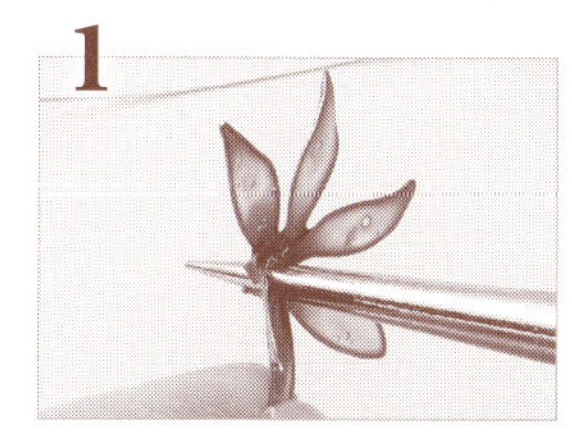

がくのワイヤーを根元から切り、中心近くに目打ちで穴を開ける。

2

いちご赤(小)のワイヤーに、**1**のがく→花座→銅玉を通し、ボンドで固定する。2組作る。

3

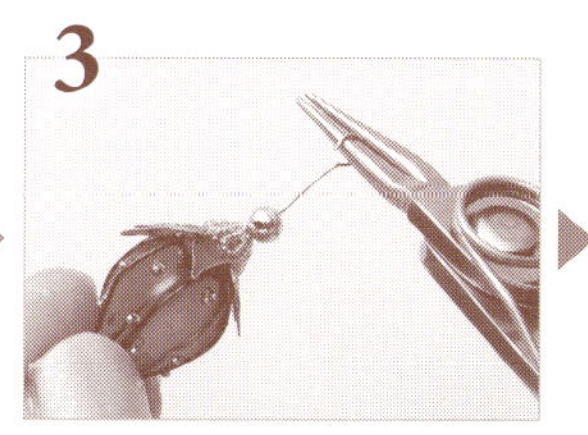

根元から2㎝で切り、丸ヤットコで輪を作る(P.41参照)。

4

3とフープをピアスにつなぐ。

03 ハナミズキ 難易度 ★★★

作品ページ → P.8　型紙 → P.92、93

表記：㋐かんざし ㋑帯留め ㋒ピアス

〈材料〉 ※(S)…シルバー

ワイヤー

#28（S）… 共通

着色

●ディップ液

白調合液 クリヤー9：スノーホワイト1 …(花)共通

緑調合液 クリヤー9：リーフグリーン1 …(葉)㋐、㋑

●マニキュア

薄緑、茶…共通

花資材

花芯用 ガラスペップ（白・両端に粒つき）…㋐5本×3、㋑3本×3

資材

かんざし(S)…㋐1本

帯留め(S)…㋑1個

スカシパーツ(S)50×29㎜…㋑1個

ピアス(S)カン付…㋒1組

銅玉(S)3㎜…㋒2個

Cカン(S)…㋒2個

フラワーテープ(茶)半幅…㋐、㋑

にしき糸(S)…㋐適量

㋐かんざし

㋑帯留め

㋒ピアス

〈下準備〉 ※わかりやすいよう、地巻きワイヤーで説明

●花（大） 変形クロスねじり

#28・20㎝・4本変形クロスねじり…㋐12枚

●花（小） 変形クロスねじり

#28・15㎝・3本変形クロスねじり…㋑12枚、㋒2枚

●葉（大） 複数回巻き

#28・2.5㎝ゲージ・3回巻き…㋐2本

●葉（中） 複数回巻き

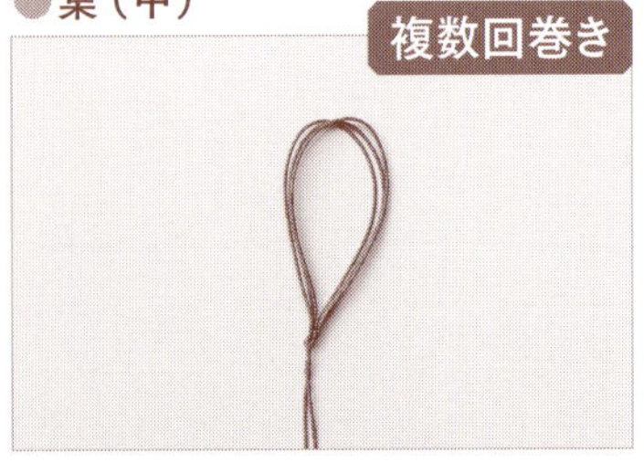

#28・2㎝ゲージ・3回巻き…㋐1本、㋑2本

●葉（小） 複数回巻き

#28・1.5㎝ゲージ・3回巻き…㋐1本・㋑1本

〈作り方〉 ※わかりやすいよう、地巻きワイヤーで説明

●変形クロスねじり

1 花（大・小）

ワイヤーを中心で交差させる。
花（大）4本は2本ずつ交差させる。
花（小）3本は2本と1本で交差させる。

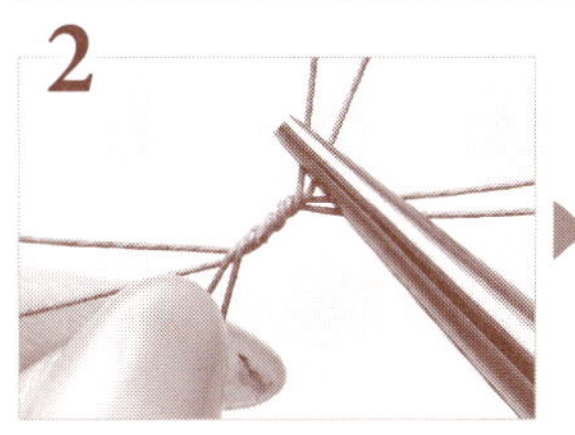

2 交差部分を4回しっかりねじる。

3 ねじった部分をペンチでV字に曲げる。

4 ワイヤー1本ずつに指でカーブをつけて下げ、型紙通りに形付ける。

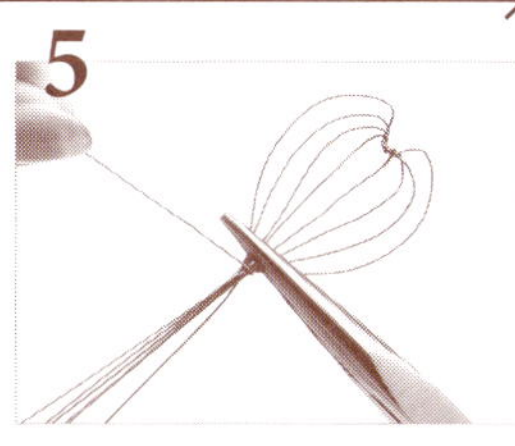

5 根元でワイヤーを束ね、ワイヤーの足1本でねじり留める。

葉（大、中、小）

6 葉の先端をペンチでとがらせ、2輪に指でウェーブをつける。

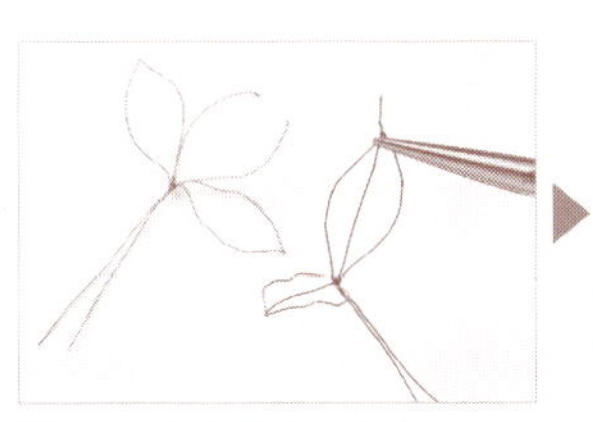

残りの1輪を中心で切り、シングルブリッジする（P.30参照）。

7 全て指定色でディップし、乾燥させる。

花芯

8 ペップの花芯を花（大）、花（小）各3組作る。花（大）はペップを5本、花（小）はペップを3本使用する（P.32参照）。

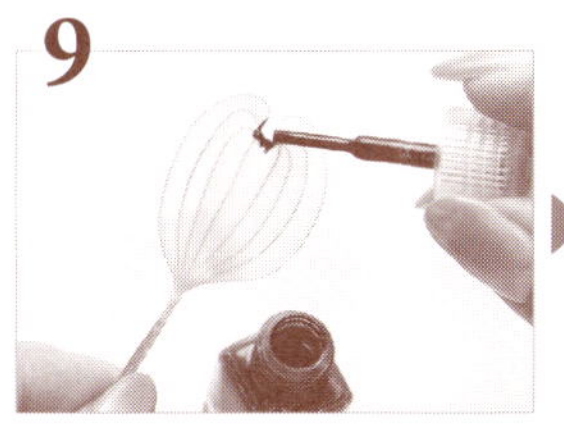

9 花、花芯は表面にマニキュア（薄緑）、花のくぼみに（茶）を塗り、乾燥させる（P.37参照）。

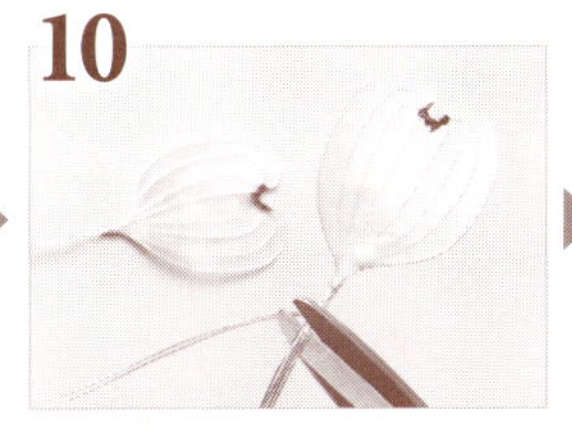

10 全てストレンスナーをつけ、乾燥させ、根元のワイヤーを2本に切る。

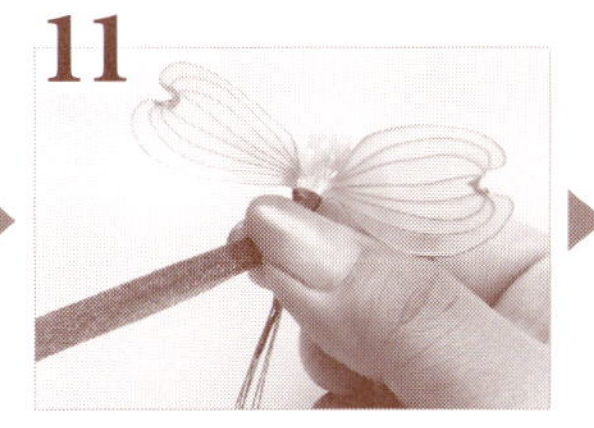

11 ペップに花を対角に2枚ずつつけ、テープで巻く。1輪に4枚つける。

12 葉の根元のワイヤーを、それぞれテープで巻く。

〈かんざしに仕立てる〉※花（大）を使用

1 葉（小）→葉（中）＋花（大）→ 葉（大）＋花（大）→ 葉（大）＋花（大）の順にテープで巻く。**a**
2 根元のワイヤーを3cmで切り、かんざしに仕立てる（P.43参照）。

〈帯留めに仕立てる〉※花（小）を使用

1 葉（小）→花（小）→花（小）＋葉（中）→花（小）＋葉（中）の順にテープで巻く。**b**
2 根元のワイヤーを1cmで切る。
3 スカシパーツに**2**を別ワイヤー（#28）で巻いて固定する。**c**
4 **3**と帯留めをボンドで固定する。

〈ピアスに仕立てる〉

1 花（小）の根元のワイヤーに銅玉を1個通し、丸ヤットコでめがね留めする（2組）（P.43参照）。**d**
2 Cカンでピアスとつなぐ（2組）。

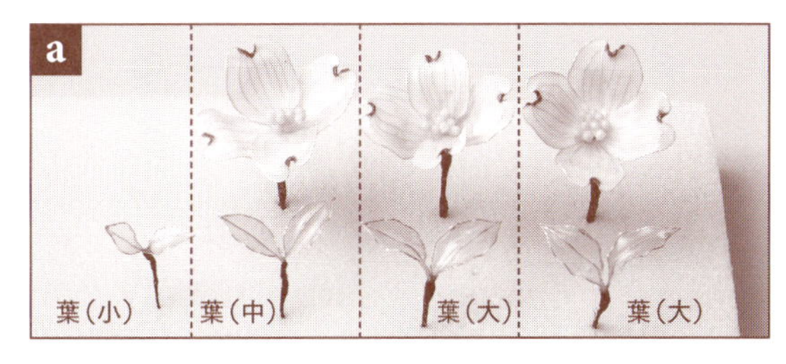

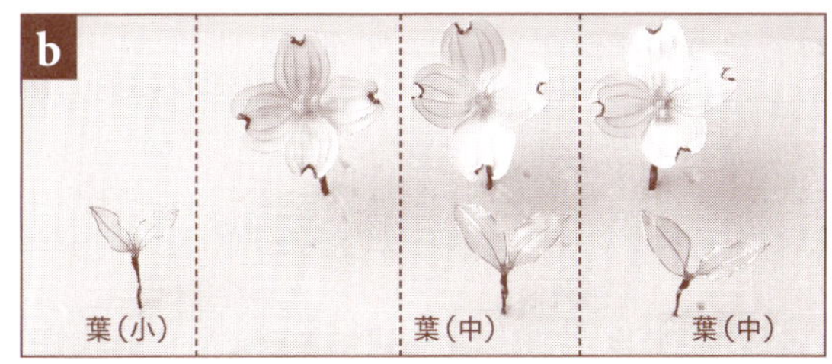

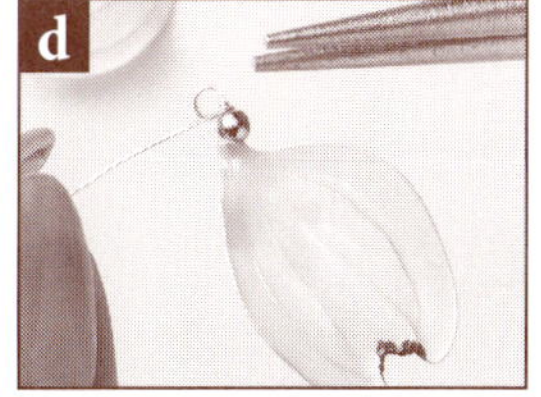

04 クローバー、シロツメクサ

難易度 ★☆☆

作品ページ → P.9　型 紙 → P.93

表記：㋐ネックレス　㋑ピアス

〈材料〉 ※(S)…シルバー

ワイヤー

#26（S）、#30（S）…共通

着色

●**ディップ液**

白調合液 クリヤー9：スノーホワイト1 …（花）共通
(a) リーフグリーン…（葉）㋐
(b) 緑調合液 クリヤー5：リーフグリーン5 …（葉）共通
(c) 黄緑調合液 クリヤー8：リーフグリーン2 ＋スノーホワイト微量…（葉）㋐

●**マニキュア**

白（細筆）…共通

花資材

花用　Tピン（S）0.7×60㎜…㋐3個、㋑1個
花芯用　パール（白）4㎜…㋐3個、㋑1個
花・葉用　花座（S）7㎜…㋐3個、㋑2個

資材

ワイヤーネックレス（S）ネジ式…1個
フラワーテープ（緑）半幅
…㋐

ピアス（S）カン付…1組
Cカン（S）…2個
…㋑

ラインストーン（緑）2㎜…㋐10個、㋑1個

㋐ネックレス

㋑ピアス

〈下準備〉 ※わかりやすいよう、地巻きワイヤーで説明

●**花（大・小）**　複数回巻き

（大）（小）

（大） #30・1.2㎝ゲージ・5回巻き…㋐12本、㋑4本
（小） #30・1㎝ゲージ・5回巻き…㋐30本、㋑10本

●**三つ葉（大・小）**　複数回巻き

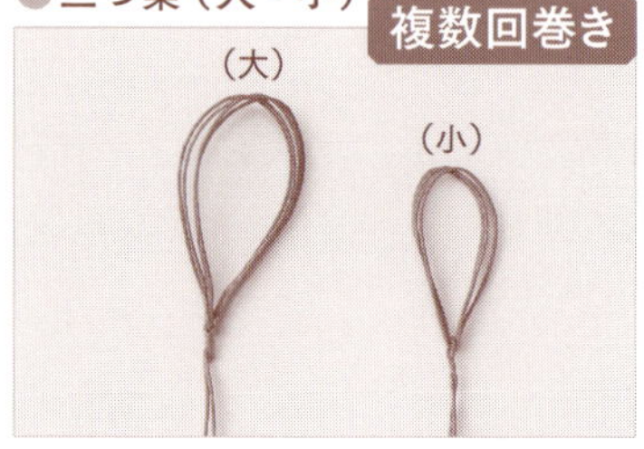

（大） #26・2㎝ゲージ・4回巻き…㋐4本
（小） #26・1.5㎝ゲージ・4回巻き…㋐4本

●**四つ葉（大・小）**　複数回巻き

（大）（小）

（大） #26・2㎝ゲージ・6回巻き…㋐1本
（小） #26・1.5㎝ゲージ・6回巻き…㋐1本、㋑1本

〈シロツメクサの作り方〉 ※わかりやすいよう、地巻きワイヤーで説明

1　花（大・小）

花はペンチで先端をとがらせ、型紙通りに形付け、重ならないように指で広げる。

2

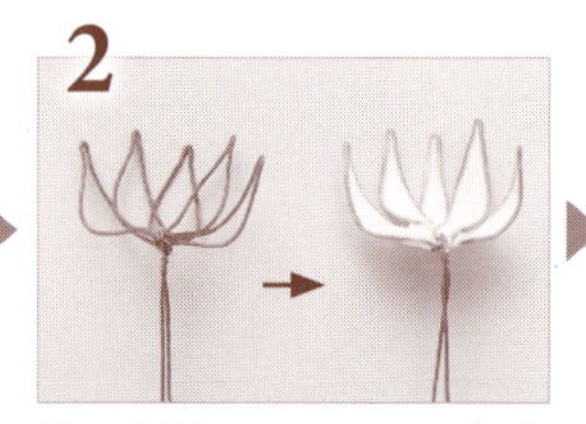

指で内側へ反りをつけ、指定色でディップし、乾燥させる。

3

ストレンスナーをつけ乾燥させ、根元のワイヤーを1本に切る。

4

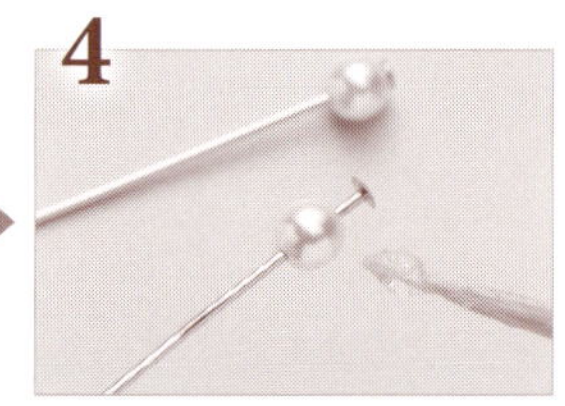

Tピンにパールを通し、ボンドで固定する。

5

4に花（小）5本→花（大）4本→花（小）5本の順に束ね、別ワイヤー（#30）で8回巻く。

6

根元にボンドを塗り、乾いたらTピン1本を残し、全てのワイヤーを切る。

7

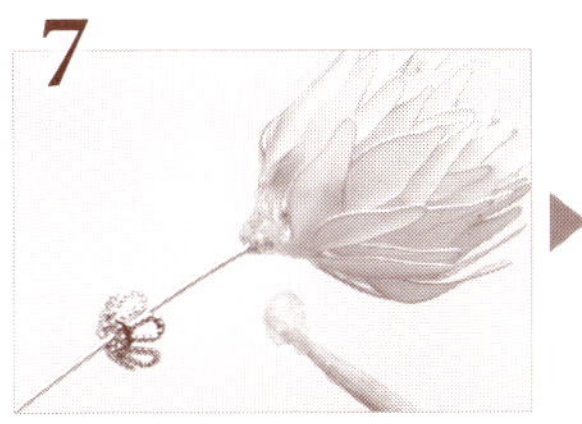

6のTピンに花座を通し、ボンドで花の根元に固定する。

8

花の根元から5cmテープを巻く。ピアスは除く。

〈クローバーの作り方〉※（大・小）共通

●三つ葉

9

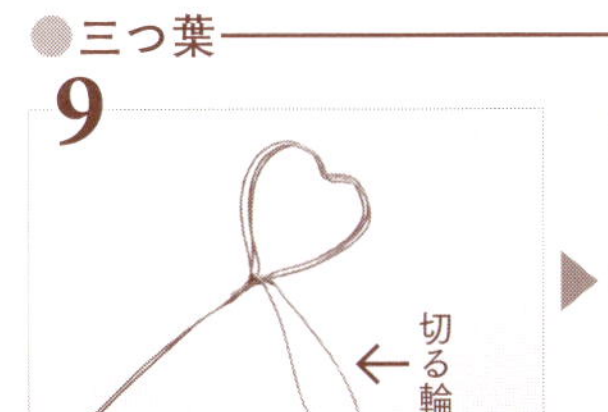

3つの輪の先端を指でハート形にし、型紙通りに形付ける。

足のワイヤーで葉1枚にシングルブリッジする（P.30参照）。

残りの1つの輪を中心で切り、葉2枚にシングルブリッジする。

●四つ葉

10

4つの輪の先端を指でハート形にし、型紙通りに形付ける。

残り2つの輪を中心で切り、葉4枚にシングルブリッジする（P.30参照）。

11

葉は全て指定色でディップし乾燥させ、表面にマニキュアで模様を描く（P.37参照）。

12

ストレンスナーをつけ乾燥させ、葉の根元から5cmテープを巻く。ピアスは除く。

13

葉の中心にラインストーンを1個、ボンドで貼る。

〈ネックレスに仕立てる〉

1

先頭の葉に別ワイヤー（#26）15cmを添え、テープで巻く。写真を参考に葉と花をつける。

2

1をネックレスに巻きつけ、端をペンチで固く押さえる。

〈ピアスに仕立てる〉

1 ピアス1

花の根元のTピンを4cmで切り、丸ヤットコで輪を作る（P.41参照）。

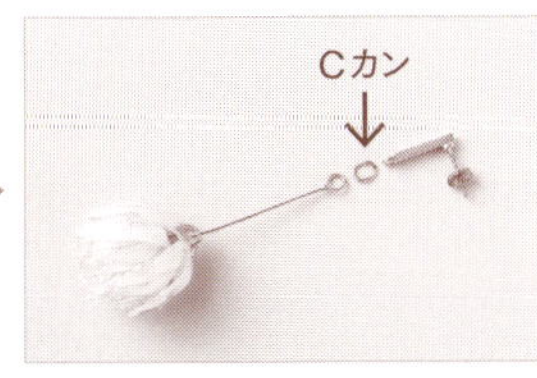

花をCカンでピアスにつなぐ。

2 ピアス2

葉の根元に花座を通し、ボンドで固定する。

葉の根元のワイヤーを2.5cmで切り、めがね留めし、Cカンでピアスにつなぐ。

05 百合 難易度 ★★★

作品ページ → P.10　型 紙 → P.93

表記：㋐コーム　㋑かんざし

㋐コーム
八重

〈材料〉 ※(S)…シルバー

ワイヤー

#22(S)、#24(S)、#26(S)、#28(S)…共通
#30(S)…㋑

着色

● **ディップ液**

白調合液 スノーホワイト9：クリヤー1 …㋐
DXパール…㋑
緑調合液 DXパール ＋エメラルドグリーン微量…雄しべ・雌しべ共通

花資材

花芯用　チェコビーズ（黄）4㎜…㋑18個

資材

コーム(S)25山…㋐1個
かんざし(S)…㋑1本
フラワーテープ（ミントアイボリー）半幅…共通
にしき糸(S)…共通

〈下準備〉

● **花A（八重）**

1回巻き

#22・6㎝ゲージ・1回巻…㋐26枚（片足のみ7㎝）

● **花B（八重）**

1回巻き

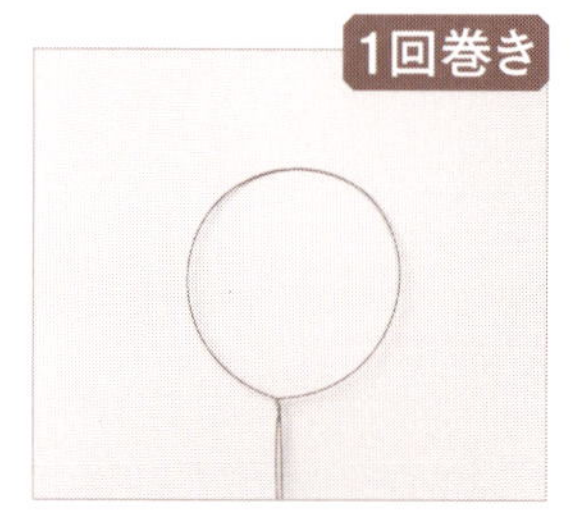

#22・7.5㎝ゲージ・1回巻…㋑6枚

● **雌しべ（共通）**

複数回巻き

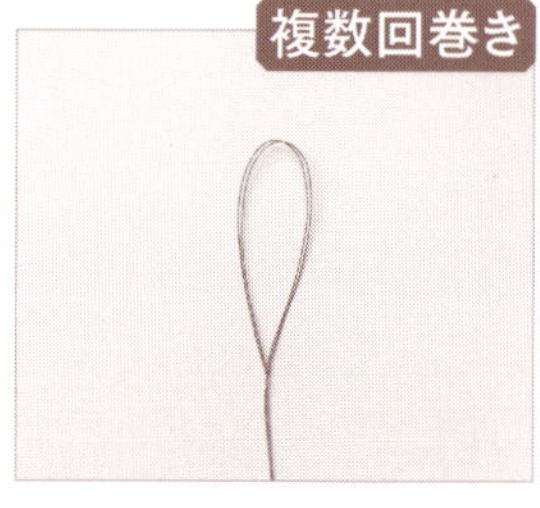

#24・5㎝ゲージ・2回巻…㋐㋑各1本

● **雄しべ（八重）**

#26・10㎝…㋐6本

〈作り方〉

● **雌しべ・雄しべを作る**

1

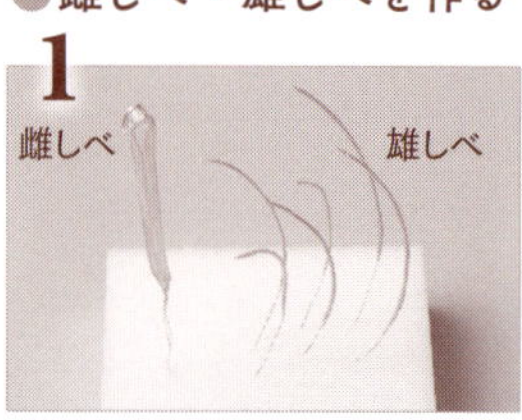

雌しべはP.31を参照して作る。雄しべ（八重に使用）は端から6㎝テープを巻く。

● **八重を作る**（花Aを26枚使用）

2

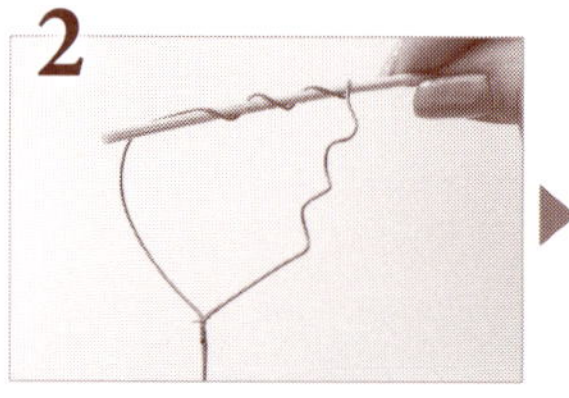

直径3㎜の棒（竹串など）にワイヤーを巻き付け形付ける。

3

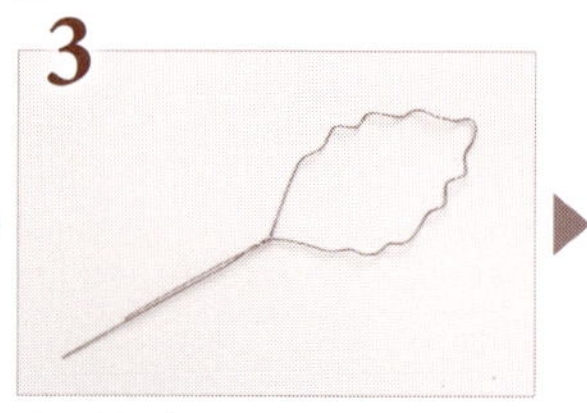

軽く伸ばし、型紙通りに形付ける。

4

手で外側に反りをつけ、別ワイヤー（#24）1本でダブルブリッジする（P.31参照）。

5

花びらは指定色でディップし、乾燥させる。

6

根元のワイヤー（短い方）を1本に切り、テープを巻く。

7

花6枚の表面に、目打ちで、緑調合液で線を描き、乾燥させる（P.37参照）。

8

全てストレンスナーをつけ、乾燥させる。

9

花と花芯を別ワイヤー（#28）でまとめる（P.41 参照）。

10

9に花8枚を添えて、別ワイヤー（#28）でまとめ、テープで巻く。

11

サイドの花のまとめ方。花6枚を、2cm間隔で1枚→2枚→3枚の順にまとめ、テープを巻く。（2組）

12

花とサイドの花2組用意する。

13

12を別ワイヤー（#28）で束ね、根元のワイヤーを5cmに切る。

14

コームに仕立てる（P.43参照）。

●一重を作る（花Bを6枚使用）

1. 根元3cmから直径6mmの棒に、7回巻き付け軽く伸ばし、型紙通りに形付ける。
2. 八重の**3**～**5**と同様にし、目打ちで緑調合液で花の表面中央に線を描く（P.37参照）。**a**
3. 雄しべは別ワイヤー（#30）10cmにビーズ1個を通し交差させながら2個通し、ねじる。**b**
4. **3**を根元3mmで切り、3段目のビーズに別ワイヤー（#26）15cmを通し、根元をねじる。**c**
5. **4**のねじったところから5.5cmで2回ねじる（6組）。※雌しべは八重と同様。**d**
6. 指定色でディップし、乾燥させ、全てストレスナーをつけ、乾燥させる。
7. 雌しべと雄しべ（先端から7cm）を別ワイヤー（#28）でまとめ、テープを巻く。**e**
8. **7**に花3枚をつけ、間に花3枚を入れ、別ワイヤー（#28）でまとめる。テープを巻く（P.41参照）。**f**
9. 根元のワイヤーを5cmに切り、かんざしに仕立てる（P.43参照）。

a

b

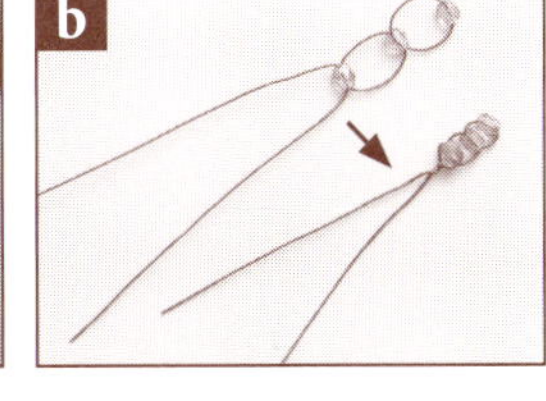

c

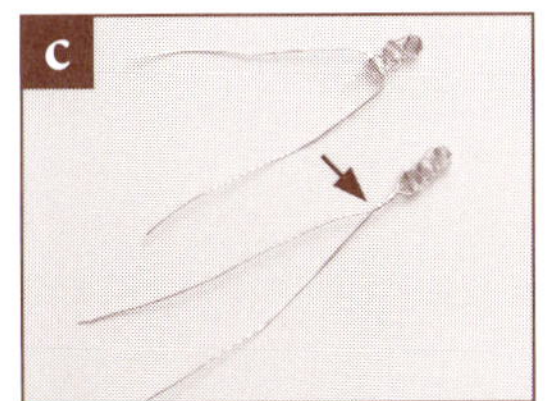

d

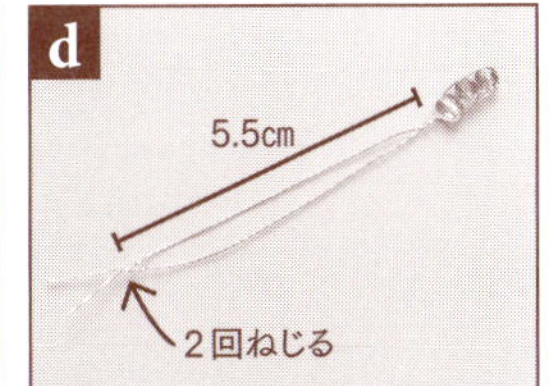

e

f

07 ハーブ 難易度 ★★☆

作品ページ → P.12　型紙 → P.94

表記：㋐コーム　㋑ピアス

〈材料〉 ※（S）…シルバー

ワイヤー

波型ワイヤー（S）、#30（S）… 共通
#24（S）…㋐

着色

●**ディップ液**

ライトバイオレット、リーフグリーン…㋐
グリーン…共通
白調合液 クリヤー ＋スノーホワイト微量…共通
薄緑調合液 クリヤー9：スノーホワイト1 ＋リーフグリーン微量…共通
緑調合液 クリヤー9：リーフグリーン1 …共通

花資材

カモミール花芯用　ボンテン（黄）80㎜…㋐5個、㋑2個

資材

コーム（S）25山…1個
フラワーテープ（緑）半幅
にしき糸（S）…適量
…㋐

ピアス（S）チェーン付…1組
メタルチェーン（S）リング35㎜…2個
Cカン（S）…2個
…㋑

〈下準備〉 ※わかりやすいよう、地巻きワイヤーで説明

●**カモミール**

#30・0.8㎝ゲージ・5回巻き…㋐15本、㋑6本

●**ラベンダー（苞）**

波型ワイヤー・1㎝ゲージ・3回巻き…㋐3本

●**ローズマリー**

#30・1㎝ゲージ・5回巻き…㋐28本、㋑8本

●**イタリアンパセリ（1段目）**

波型ワイヤー・2㎝ゲージ・1回巻き…㋐8本、㋑2本

●**イタリアンパセリ（2・3段目）**

波型ワイヤー・2㎝ゲージ・2回巻き…㋐16本、㋑4本

〈作り方〉

●**A カモミール**

1

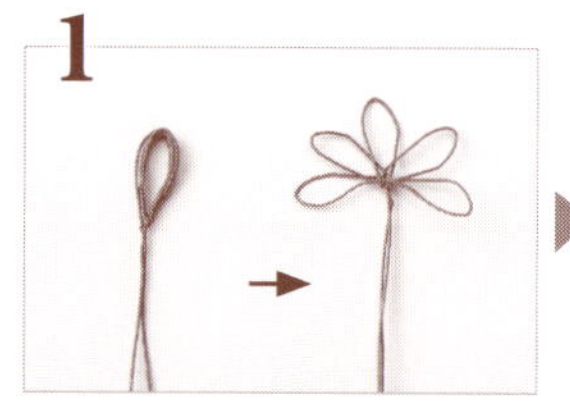

指で幅4㎜に細め、型紙通り形付け、白調合液でディップし、乾燥させる。

2

花びらを左右からはさんで2㎜幅にし、縦じわを寄せる（1輪に3本使用）。

3

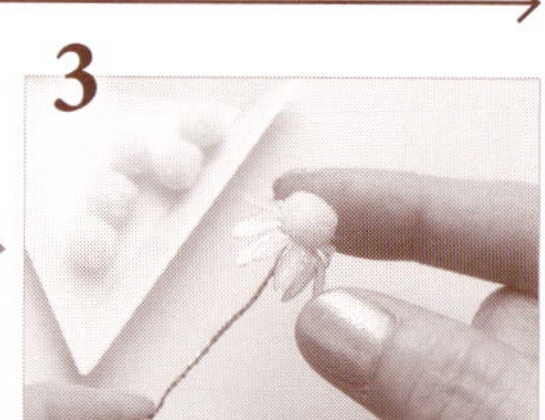

3本を根元でねじり、指で外側に反りをつけ、中心にボンドでボンテンを貼る。

● Bラベンダー

4

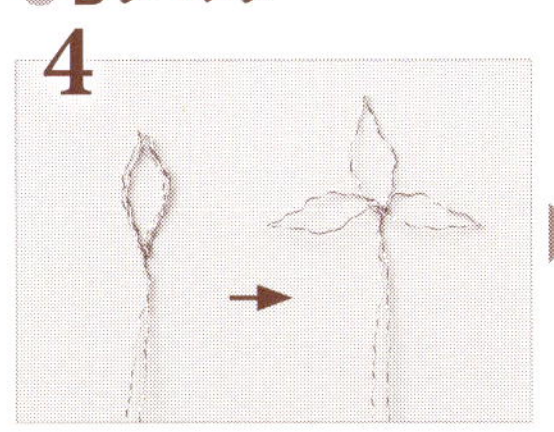

苞は先端をペンチでとがらせ、型紙通り形付ける。

5

花穂は別ワイヤー(#24)10cmの先端に波型ワイヤー30cmを5回巻く。

6

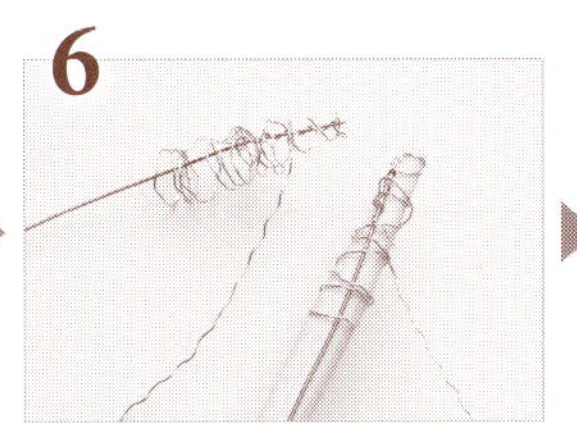

5に直径6mmの棒を添え、2cm分巻き、棒を抜く(型紙参照)。

7

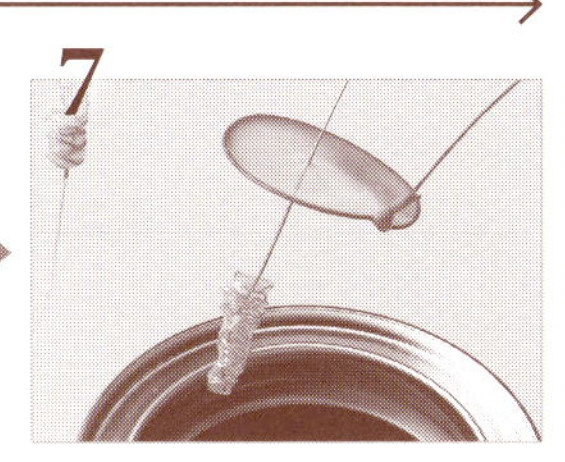

ライトバイオレットでディップし、乾燥させる(花穂はP.35かぶせづけ参照)。

8

花穂の先端に目打ちで穴を開け、苞を差し込み、根元で合わせてねじる。

● Cローズマリー(薄緑調合液→薄/リーフグリーン→濃)

9

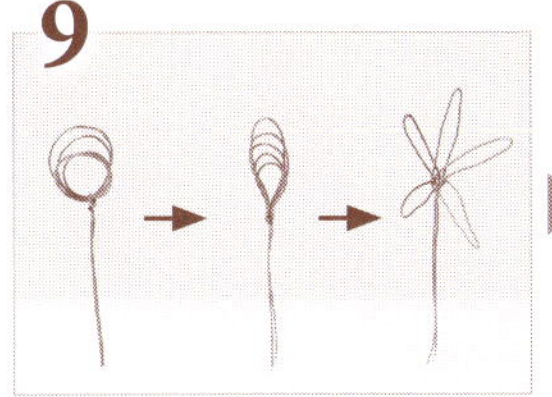

指で輪を引き上げ、輪のサイズを変え、ペンチで根元と、先端をとがらせひらく(P.35参照)。

10

全てディップして、乾燥させる。
㋐(薄緑20本、リーフグリーン8本)、
㋑(薄緑8本)

11

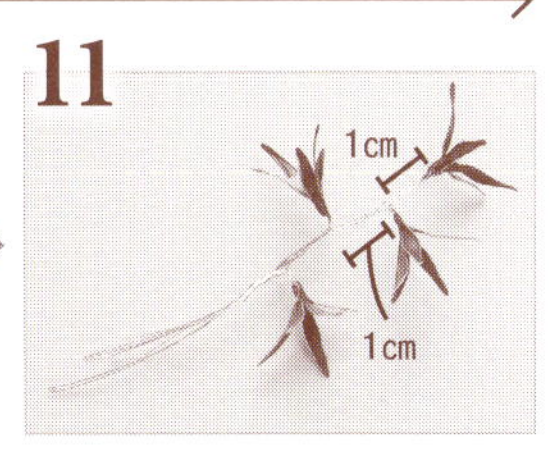

1本ずつ1cm間隔で添え、ねじって固定する(4本を組み立てて、ローズマリー1枝になる)。

● Dイタリアンパセリ

12

ペンチで、型紙通りに形付ける。

13

先端にグリーンをつけ、緑調合液をベースに、フレームづけする(P.35参照)。

14

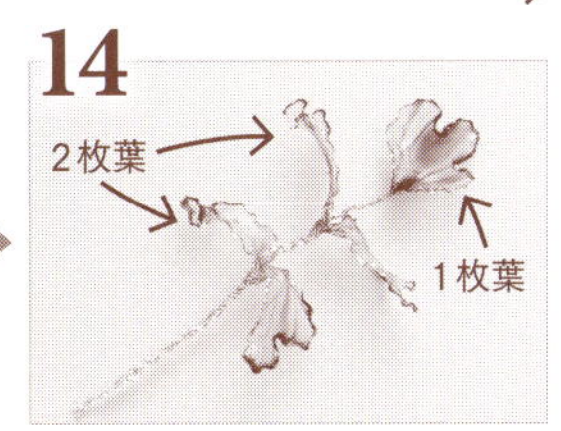

1枚葉→2枚葉→2枚葉の順に1cm間隔でねじり、固定する(1枚葉1本、2枚葉2本で1枚になる)。

15

3、8、11、14はストレンスナーをつけ、乾燥させる。

表記:Aカモミール、Bラベンダー、
Cローズマリー、Dイタリアンパセリ

〈コームに仕立てる〉

※数の記載がないものは1枝、1輪とする。

1 7つのパーツを用意する。
①…(D)、②…(D+B+C薄)、③…(C濃+A+D)、④…(D2枝+C薄3枝+A3輪)、⑤…(D+A+C濃)、⑥…(C薄+B2輪+D)、⑦…(D)。 a

2 ①→②→③→④→⑤→⑥→⑦の順にテープで巻く。 b

3 根元から1cmで切り、コームに仕立てる(P.43参照)。

〈ピアスに仕立てる〉

1 (C薄)、(A)、(D)をまとめてねじり、根元のワイヤーを1cmで切る。(2組)

2 別ワイヤー(#30)でメタルチェーンに巻きつけ、ピアスとメタルチェーンをCカンでつなぐ。 c

08 すみれ 難易度 ★★☆

作品ページ → P.13　型　紙 → P.95

表記：㋐ブローチ　㋑コーム　㋒かんざし

〈材料〉※(S)…シルバー

ワイヤー

#26(S)、#28(S)…共通

着色

●ディップ液

(a)色　ライトバイオレット…(花)㋐

(b)色　パールバイオレット…(花)㋑

(c)色　紫調合液 バイオレット7：クリヤー3 …(花)㋒

(d)色　リーフグリーン…(葉)共通

●マニキュア

黄…(花芯)共通

花資材

花芯用　とんがりペップ(両端に粒つき)…㋐4本、㋑3本、㋒3本

資材

回転ピン(S)…㋐1個

コーム(S)15山…㋑1個

かんざし(S)U字…㋒1本

フラワーテープ(緑)半幅…共通

にしき糸(S)…㋑、㋒

㋐ブローチ

㋒かんざし

㋑コーム

〈下準備〉※わかりやすいよう、地巻きワイヤーで説明

●花 ※輪の根元をつぶさない

#28・2㎝ゲージ・5回巻…㋐7本・㋑5本・㋒5本

●葉(大)

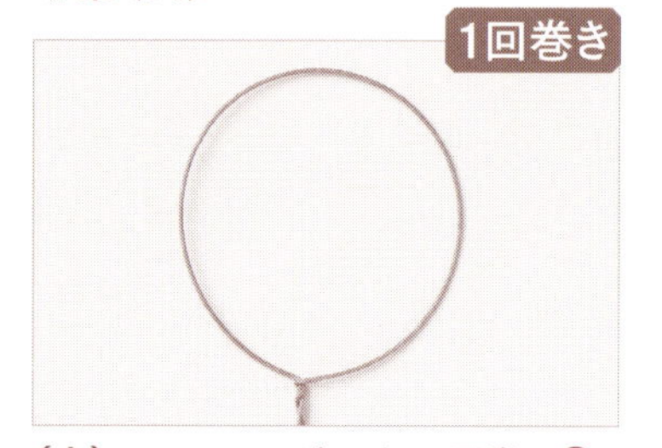

(大) #26・4㎝ゲージ・1回巻…㋐4本・㋑1枚・㋒2枚

●葉(小)

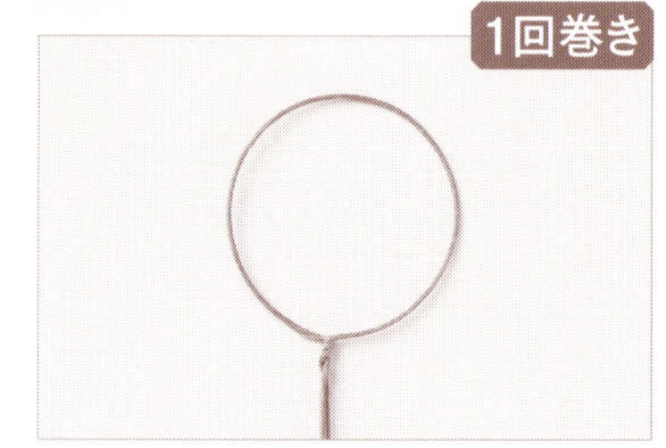

(小) #26・3㎝ゲージ・1回巻…㋐3本・㋑2枚・㋒4枚

〈作り方〉※わかりやすいよう、地巻きワイヤーで説明

1

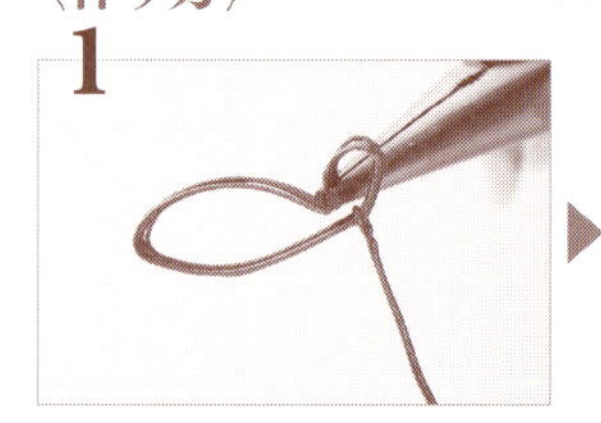

花は根本から1㎝部分を丸めて輪を作り、型紙通り形づける。

2

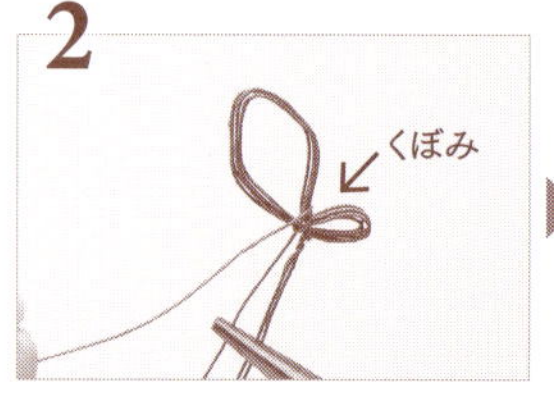

くぼみに別ワイヤー(#28)を2回巻きつけ根元でねじる。

3

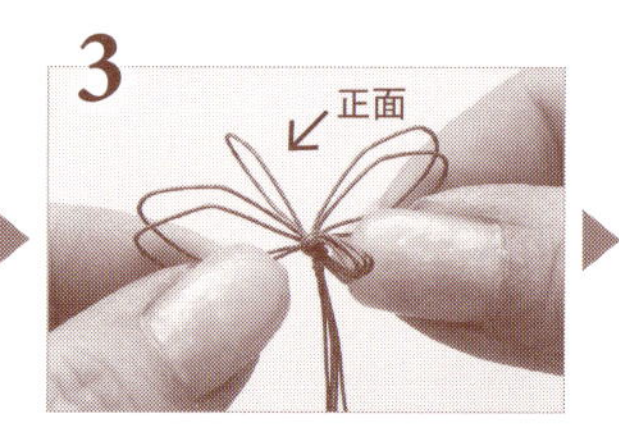

大きい輪を2枚ずつ左右に広げ、中心1枚を正面にする。

4

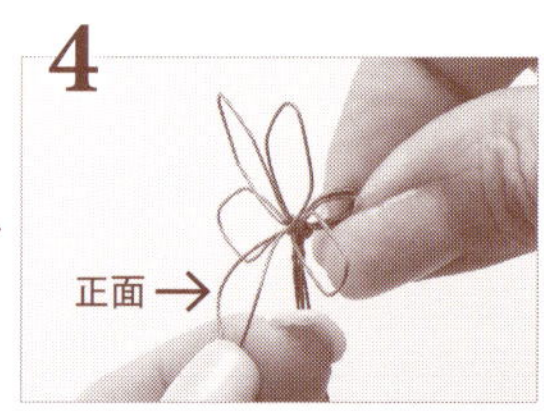

中心1枚を写真のように下げ、花びらを型紙通り形づけ、外側へ反りをつける。

5

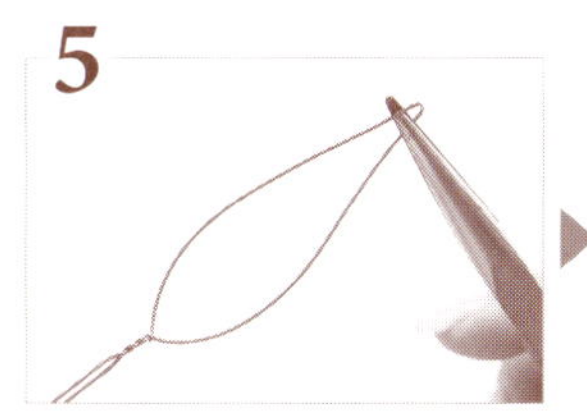

葉はペンチで先端をとがらせる。

6

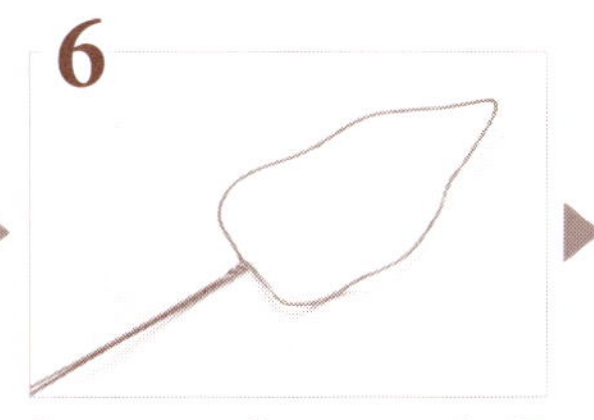

指でウエーブをつけ、型紙通りに形付ける。

7

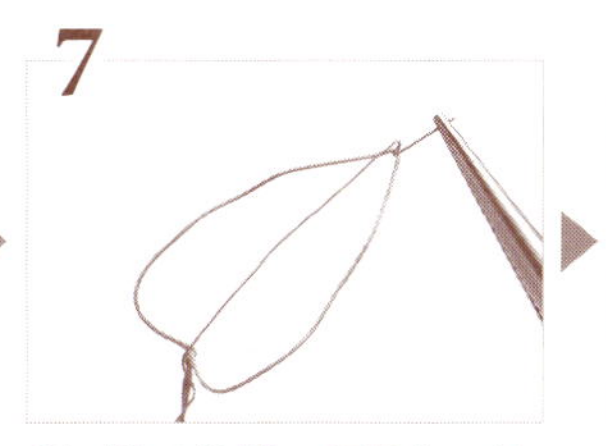

6に指で外側へ反りをつけ、別ワイヤー（#26）1本でシングルブリッジする（P.30参照）。

8

指定色でディップし、乾燥させる（P.37参照）。

9

とんがりペップを半分に切り、マニキュア（黄）を塗り、乾燥させる。

10

9を根元で切り、花の中心にボンドで貼る。

11

花と葉のワイヤーに根元からテープを巻く。

12

全てストレンスナーをつけ、乾燥させる。

〈ブローチに仕立てる〉※花7輪、葉（大）4枚、葉（小）3枚使用

1

花7輪を花首から3～4cmの間でまとめ、テープで巻く。

2

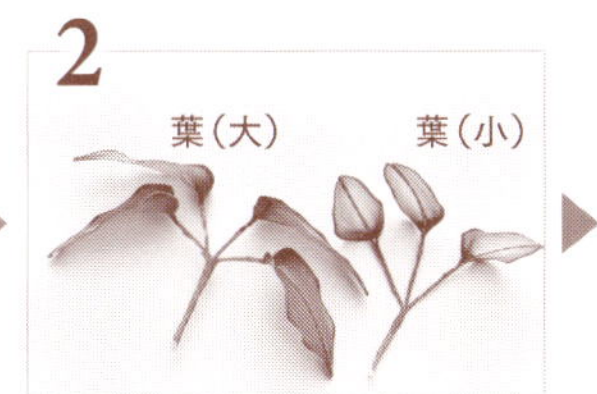

葉（大）4枚の根元から1.5cm、葉（小）3枚の根元から2.5cmをテープで巻く。

3

1と**2**をテープでまとめ、根元から2cmで切る（P.43参照）。

4

回転ピンにテープで固定する（P.43参照）。

〈コームに仕立てる〉※花5輪、葉（大）1枚、葉（小）2枚使用

1

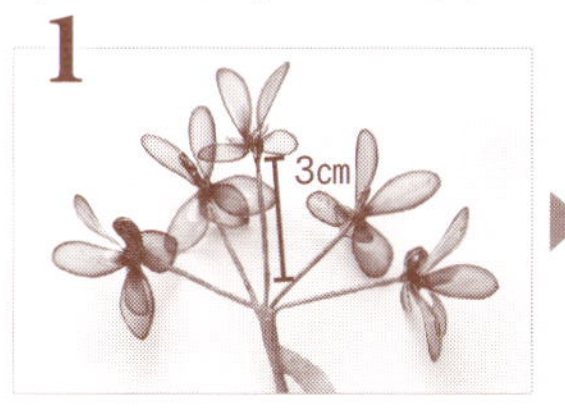

花5輪を花首から3cmでまとめ、テープで巻く。

2

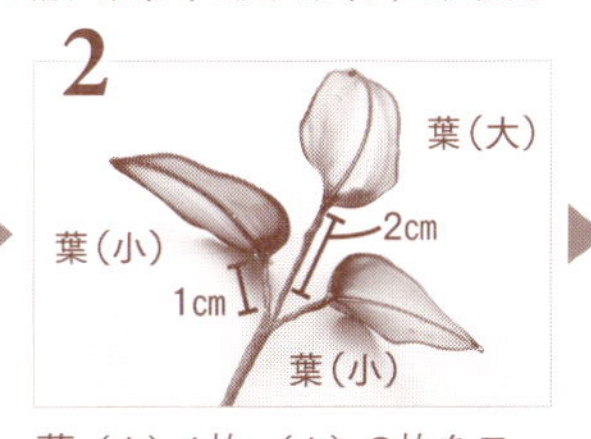

葉（大）1枚、（小）2枚をテープで巻く。

3

1と**2**をテープでまとめる。

4

根元から2cmで切り、コームに仕立てる（P.43参照）。

〈かんざしに仕立てる〉※花5輪、葉（大）2枚、葉（小）4枚使用

1

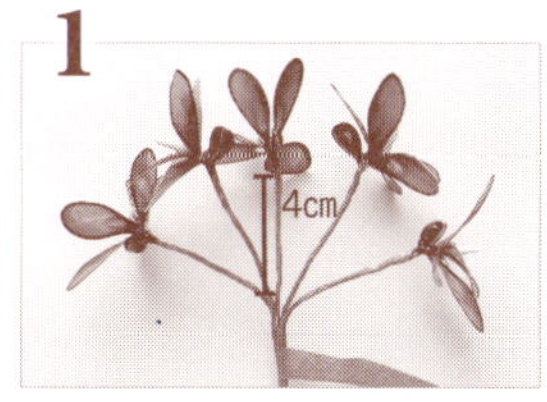

花5輪を花首から4cmでまとめ、テープで巻く。

2

葉（大）1枚、（小）2枚をテープで巻く。（2組）

3

1と**2**をテープでまとめる。

4

根元から2cmで切り、かんざしに仕立てる（P.43参照）。

⑩フラガール 難易度 ★★★

作品ページ → P.15　型紙 → P.95

表記：㋐ワニクリップ　㋑コーム　㋒ピアス

〈材料〉※（G）…ゴールド

ワイヤー

#28（G）…共通

#24（G）、#26（G）、#22（地巻き）…㋐、㋑

着色

●**ディップ液**

レッド…（ハイビスカス）㋐

リーフグリーン…（モンステラ）㋐、㋑

白調合液 クリヤー9：スノーホワイト1 …（プルメリア）㋑、㋒

●**マニキュア**

黄…㋑、㋒

花資材

ハイビスカス花芯用　素玉ペップ（赤・両端に粒つき）…㋐2.5本×2

ハイビスカス花芯用　イバラペップ（黄・両端に粒つき）…㋐25本×2

資材

ワニクリップ（G）…㋐1個

コーム（G）20山…㋑1個

ピアス（G）チェーン付…㋒1組

メタルパーツリーフ（G）7×19㎜…㋒2個

座金（G）6㎜…㋒2個

フラワーテープ（赤）半幅…㋐

フラワーテープ（緑）半幅…㋐、㋑

にしき糸（G）…㋐、㋑適量

Cカン（G）…㋒4個

㋒ピアス
プルメリア

〈下準備〉

●**ハイビスカス**

#24・5㎝ゲージ・1回巻き…㋐10枚

●**モンステラ（大）**

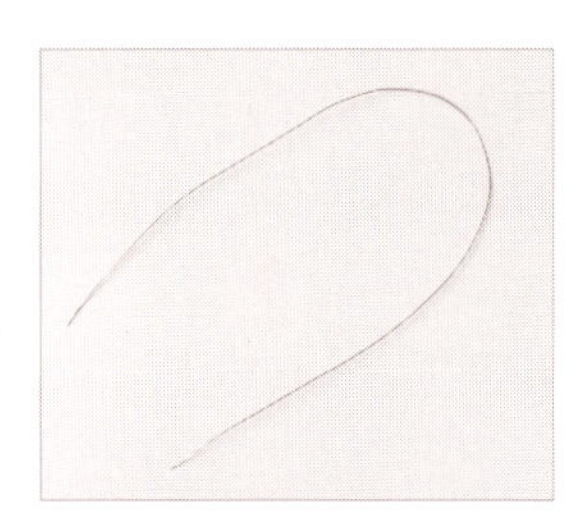

#24・45㎝…㋐3本

●**モンステラ（小）**

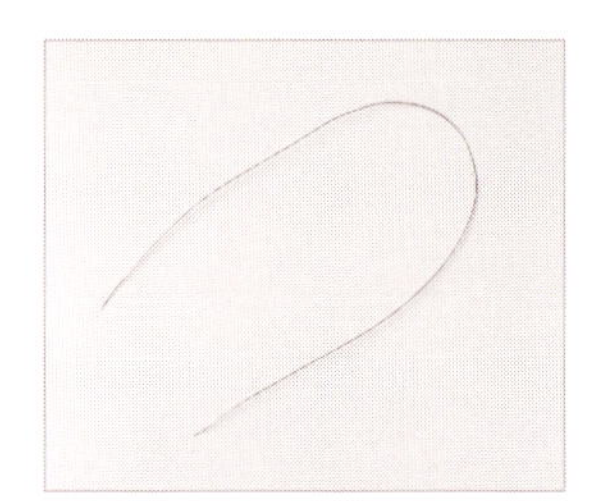

#24・35㎝…㋑3本

●**プルメリア（大）**

#28・2㎝ゲージ・10回巻き…㋑3本

●**プルメリア（小）**

#28・1.5㎝ゲージ・10回巻き（ループ付き）…㋒2本

〈作り方〉

●**ハイビスカス**

1 花は指でウェーブとフリルを入れ、型紙通りに形付ける。

2 別ワイヤー（#28）5本でシングルブリッジし（P.30参照）、手で外側に反りをつける。

3 全てディップし、乾燥させ、ストレンスナーをつけ、乾燥させる。

4
素玉ペップの中心を切り、5本に別ワイヤー（#22）15㎝1本を添え、テープ（赤）で巻く。

5
イバラペップを5本ずつ半分に折る。

6
4に**5**を不揃いにテープで巻く。

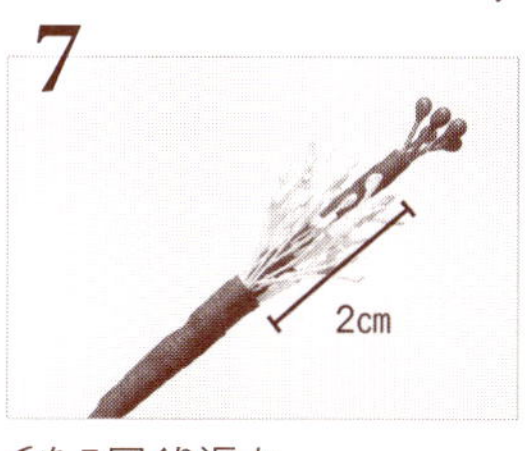

7
6を5回くり返す。

8
花芯の先端から7㎝部分に、花びら5枚をつけ、テープ（緑）で巻く。

●モンステラ（大）（小）共通

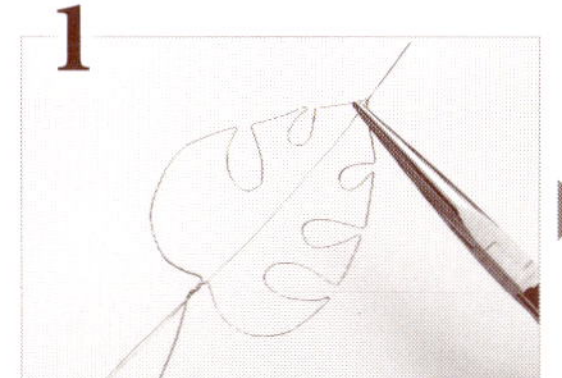

1
ペンチで型紙通りに形付け、別ワイヤー（#26）1本でシングルブリッジする（P.30参照）。

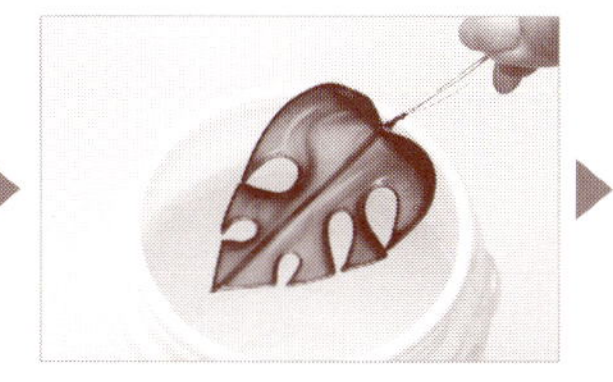

全てディップし、乾燥させ、ストレンスナーをつけ、乾燥させる。

根元のワイヤーを、テープ（緑）で巻く。

●プルメリア（大）（小）共通

1
花びらを2輪ずつ重ならないよう広げ、指で外側に反りをつける。（花びらが5枚になる）

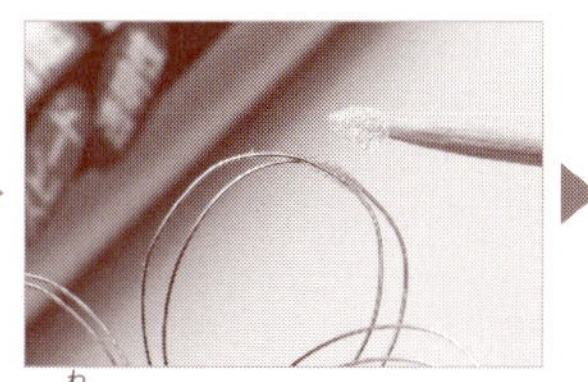

2輪の頂点を2㎜ずらし、ボンドで固定する。

全てディップし、乾燥させ、表面からマニキュア（黄）で中心に模様を描く（P.37参照）。

全てストレンスナーをつけ、乾燥させる。

〈ワニクリップに仕立てる〉

※ハイビスカス2輪、モンステラ（大）3枚を使用

1 葉→花→葉→花→葉の順に、テープ（緑）で巻く（花、葉は根元から1㎝で巻く）。**a**
2 根元から4㎝で切り、ボンドをつけ、にしき糸で巻く。ワニクリップに別ワイヤー（#28）で巻いて固定する。

〈コームに仕立てる〉

※プルメリア（大）3輪、モンステラ（小）3枚を使用

1 地巻きワイヤー（#22）12㎝に葉→花→葉→花→花＋葉の順にテープ（緑）で巻く（全て根元からつける）。**b**
2 根元から2㎝で切り、コームに仕立てる（P.43参照）。

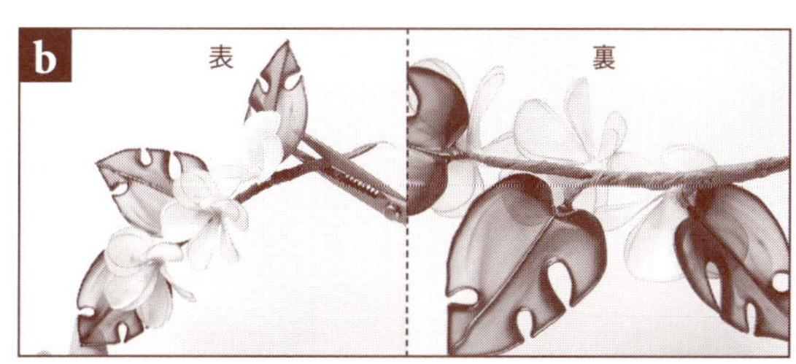

〈ピアス仕立てる〉

※プルメリア（小）2輪を使用

1 ワイヤーを根元で切り、座金をボンドで貼る。
2 ピアスチェーン下部と花を、ピアスチェーン上部とメタルパーツをCカンでつなぐ。

⑪ 菊 難易度 ★★☆

作品ページ → P.16　型紙 → P.95

表記：㋐コーム緑 ㋑コーム橙

〈材料〉※(G)…ゴールド

ワイヤー

#24(G)、#26(G)、#28(G)、#30(G)…共通

着色

●ディップ液

グリーン…㋐

緑調合液 クリヤー9：リーフグリーン1 …㋐

アンバー…㋑

橙調合液 クリヤー9：オレンジ1 ＋アンバー微量…㋑

資材

コーム(G)25山…各1個

フラワーテープ(緑)半幅…㋐

フラワーテープ(茶)半幅…㋑

にしき糸(G)…共通

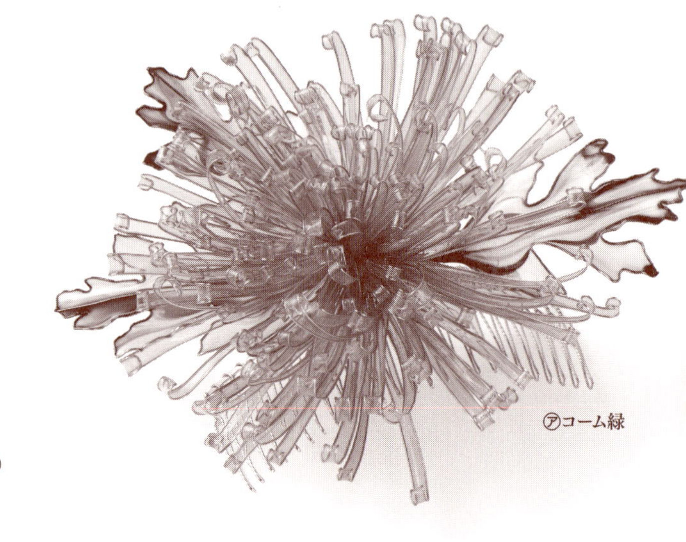

㋐コーム緑

㋑コーム橙

〈下準備〉※一輪分

●花(大) 複数回巻き

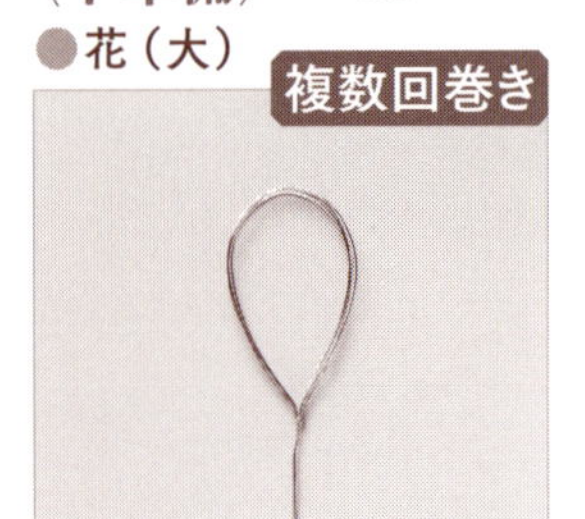

#26・4㎝ゲージ・4回巻き…16本

●花(中) 複数回巻き

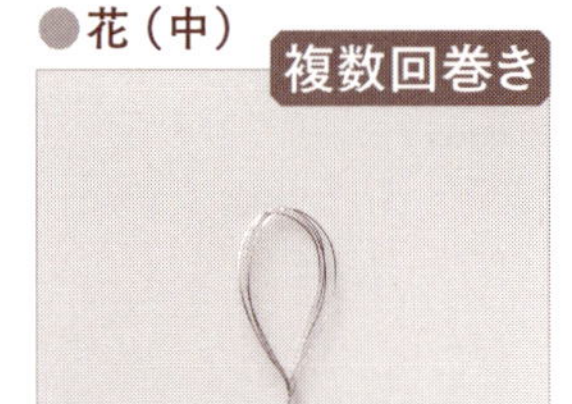

#28・3㎝ゲージ・4回巻き…12本

●花(小) 複数回巻き

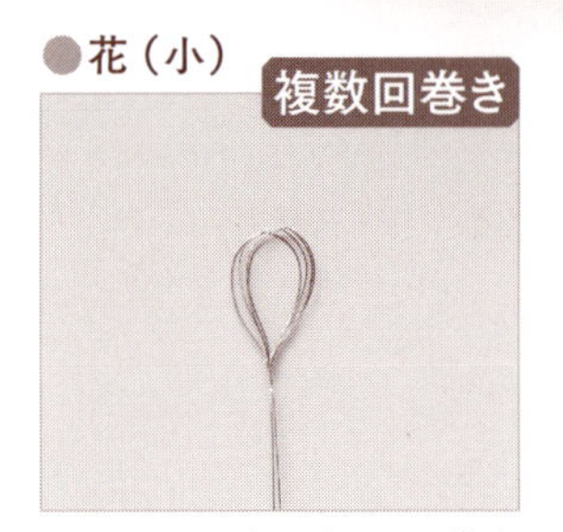

#28・2㎝ゲージ・4回巻き…10本

●葉

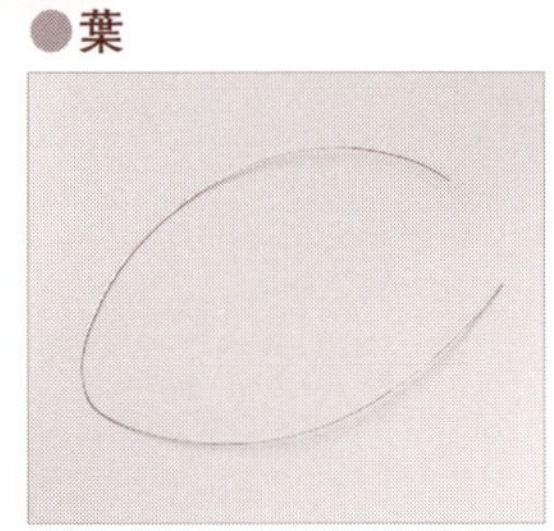

#24・40㎝・3本

〈作り方〉

1 花

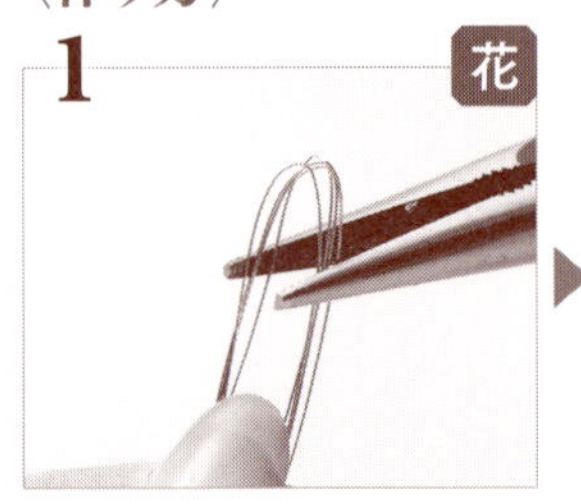

花はペンチで6㎜幅に細くする。

2

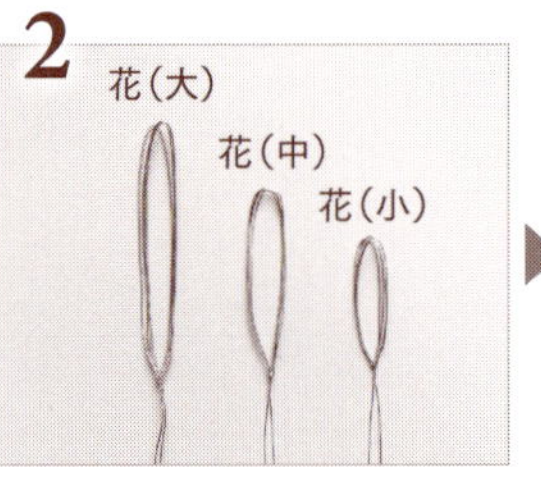

花(大)、(中)、(小)を型紙通り形付ける。

3

花びらを重ならないようひろげる。

4

指で内側に反りをつける。

5

ディップし乾燥させる。
コーム緑…緑調合液、
コーム橙…橙調合液。

6 葉

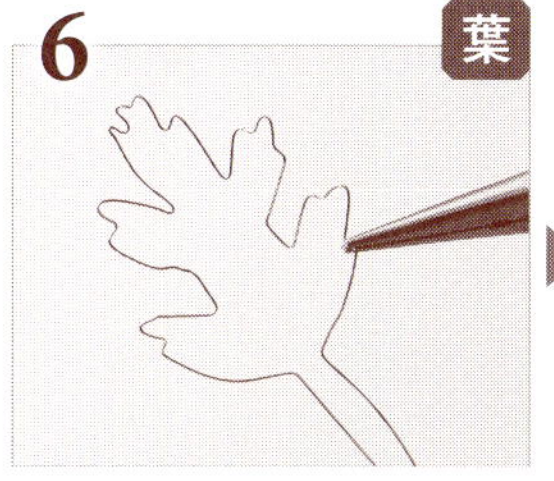

葉はペンチで型紙通り形付け、根元をねじる。

7

指でウェーブをつける。

8

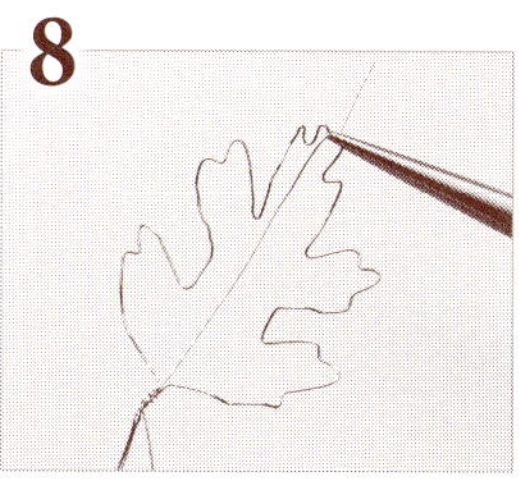

別ワイヤー（#26）1本でシングルブリッジする（P.30参照）。

9 コーム緑

葉の先端にグリーンをつけ、緑調合液をベースにフレームづけする（P.35参照）。

コーム橙

葉の先端にアンバーをつけ、橙調合液をベースにフレームづけする（P.35参照）。

10

全てストレンスナーをつけ、乾燥させる。

11

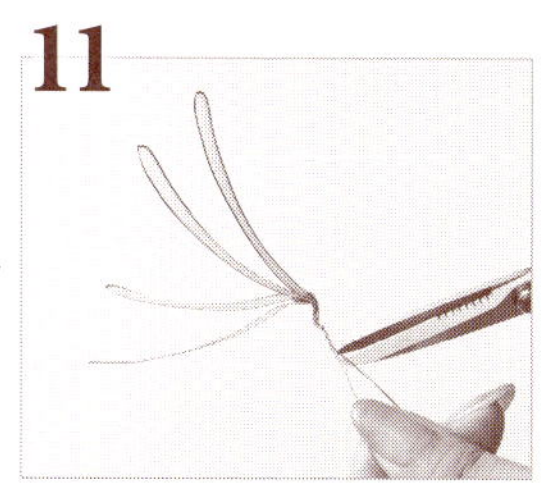

花の根元のワイヤーを1本に切る。

12

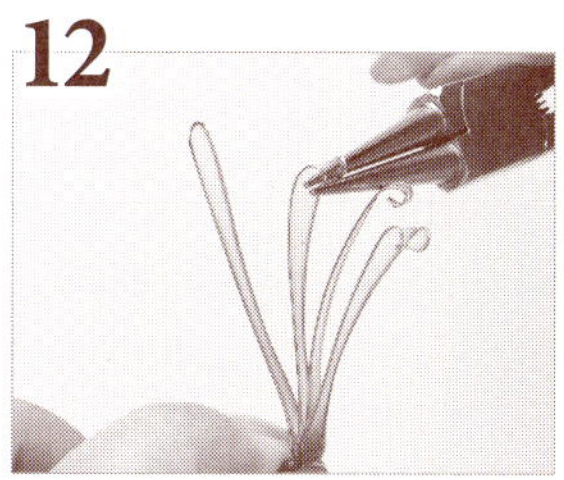

花（小）　花（中）　花（大）

花びらは全て、丸ヤットコで先端から内側に丸める。

13 花（小）

花（小）10本で円になるよう別ワイヤー（#30）でまとめる。花のカールは中心を向ける。

14

テープを巻く。

15 ＋花（中）

14に花（中）12本をプラスし、円になるよう別ワイヤー（#30）でまとめる。

16

テープを巻く。

17 ＋花（大）

16に花（大）16本をプラスし、円になるよう別ワイヤー（#30）でまとめ、テープを巻く。

18

葉3枚は、根元のワイヤーにそれぞれテープを巻く。

〈コームに仕立てる〉

1

花の根元に葉を3枚つける。

2

テープで巻く。

3

根元のワイヤーを5cmで切り、根元で曲げる。

4

コームに仕立てる（P.43参照）。

⑫ 胡蝶蘭・小菊 難易度 ★★☆

作品ページ →P.17　型紙 →前見返し

表記：㋐かんざし大　㋑かんざし小　㋒ピアス

〈材料〉※(G)…ゴールド

ワイヤー

#24(G)、#26(G)、#22(白地巻き)…㋐
#28(G)、#30(G)…共通

着色

●**ディップ液**

橙調合液 クリヤー9：オレンジ1 ＋アンバー微量…(胡蝶蘭花A・B)㋐
チェリーレッド…(胡蝶蘭花芯A・B・C)㋐
黄調合液 パールイエロー ＋アンバー微量…(小菊)㋑
ガーネットレッド…(小菊)㋒

●**スプレー**

ホワイト

花資材

胡蝶蘭花芯用　チェコビーズ雫(トパーズ)9×6㎜…㋐2個
小菊花芯用　メタルフラワー(G)花五弁花芯付10㎜…㋑1個、㋒2個
小菊花芯用　アクリルビーズ(赤)4㎜…㋑1個、㋒2個

資材

アクリルかんざし(黒)U字…㋐1本
アクリルかんざし(べっこう)…㋑1本
ピアス(G)ミール皿付14㎜…㋒1組
フラワーテープ(黒)半幅…㋐、㋑
にしき糸(墨)…㋐
にしき糸(G)…㋑

〈下準備〉

●**胡蝶蘭(花A)**　1回巻き

#24・4㎝ゲージ・1回巻き…㋐4枚

●**胡蝶蘭(花B)**　1回巻き

#24・3㎝ゲージ・1回巻き…㋐6枚

●**胡蝶蘭(花芯A・B)**　複数回巻き

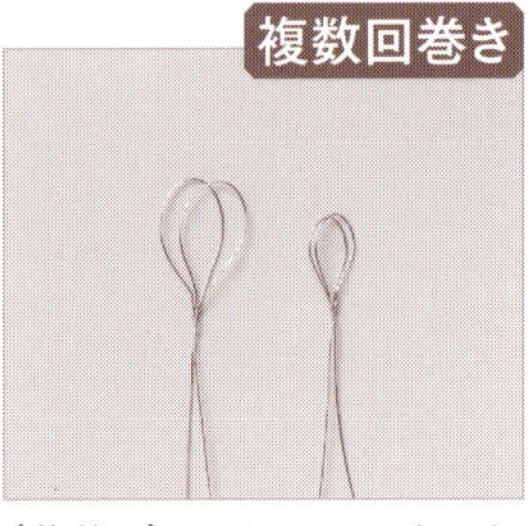

(花芯A) #28・1.5㎝ゲージ・2回巻き…㋐2本
(花芯B) #28・1㎝ゲージ・2回巻き…㋐2本

●**胡蝶蘭(花芯C)**　1回巻き

#26・3㎝ゲージ・1回巻き…㋐2枚

●**小菊(A・B・C・D)**　ねじり巻き

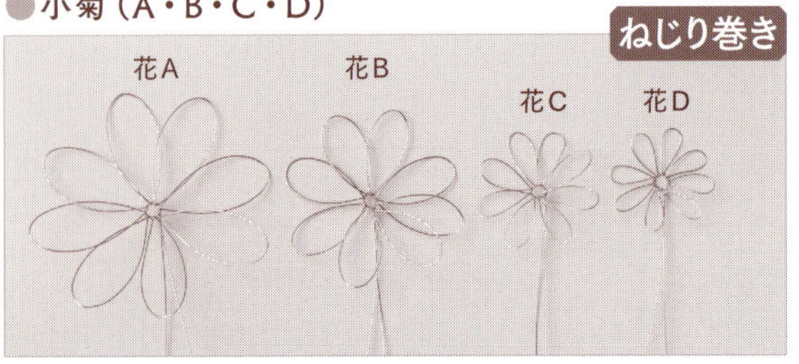

(花A) #28・2㎝ゲージ・間1回ねじり8輪…㋑2本
(花B) #28・1.5㎝ゲージ・間1回ねじり8輪…㋑1本
(花C) #30・1㎝ゲージ・間1回ねじり8輪…㋑1本、㋒4本
(花D) #30・0.8㎝ゲージ・間1回ねじり8輪…㋒2本

〈作り方〉

●**胡蝶蘭**

1

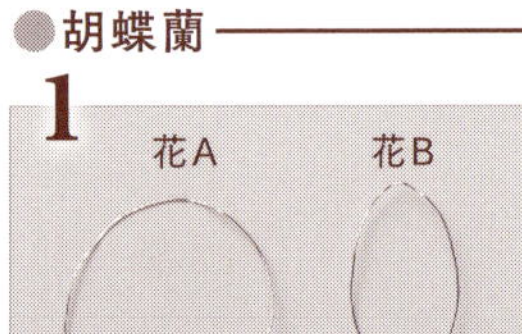

花A、Bは、指でウェーブをつけ、型紙通りに形付ける。

2

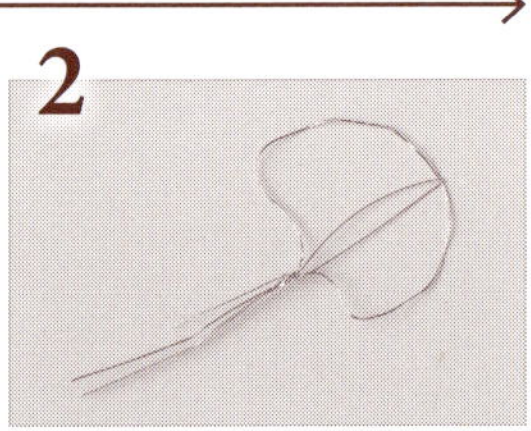

花Aは別ワイヤー(#28)1本でダブルブリッジする(P.31参照)。

3

花芯A、Bは、指でウェーブをつけ、型紙通り形付ける。

4

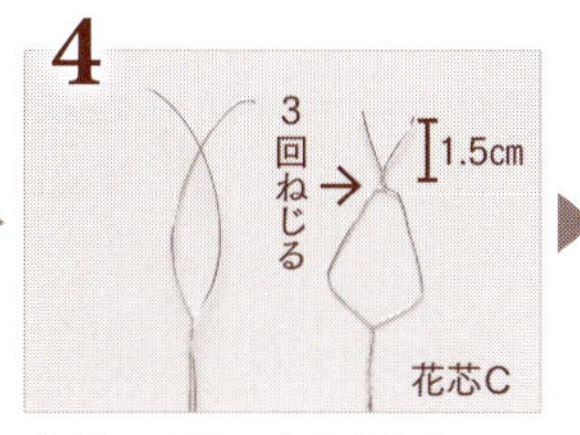

花芯Cは輪の中心を切り、1.5cm下で3回ねじり、型紙通りに形付ける。

5

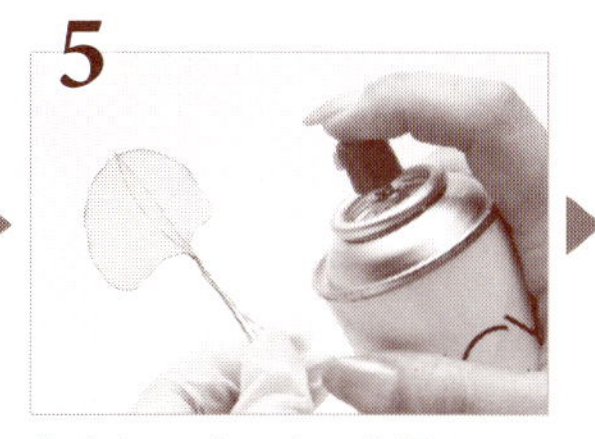

指定色でディップし、乾燥させる。花は全て、裏面にスプレー（白）をし、乾燥させる（P.36参照）。

6

全てストレンスナーをつけ、乾燥させ、根元のワイヤーを1本に切る。

7

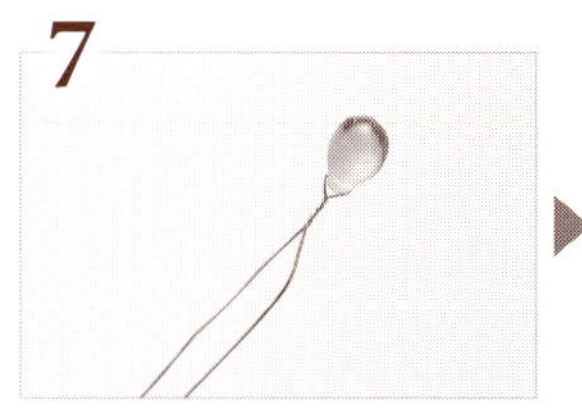

チェコビーズ雫に別ワイヤー（#28）を通し、根元でねじる。

8

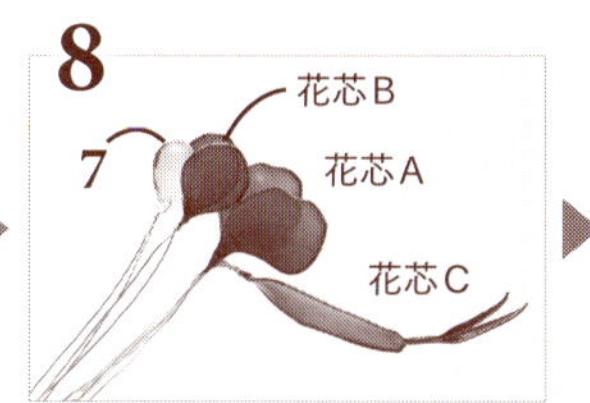

7→花芯B→花芯A→花芯Cの順に重ねてテープで巻く。

9

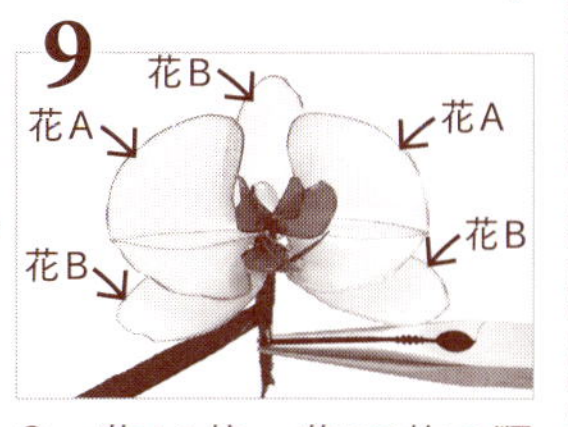

8→花A2枚→花B3枚の順に重ねてテープで巻く（P.41参照）。※花Aの向きに注意

● 小菊

1

全て型紙通り形付ける。

2

全てディップし、乾燥させる。かんざしは黄調合液、ピアスはガーネットレッド。

3

花びらをつまみ、シワをよせる。

4

全てストレンスナーをつけ、乾燥させ、花の中心に目打ちで穴をあける。

5

小菊花芯は、ビーズ（赤）に別ワイヤー（#30）を通し、メタルフラワーに通し、ボンドで固定する。

〈かんざし大に仕立てる〉※胡蝶蘭を使用

1. 花の根元に、別ワイヤー（#22）を1本添え、テープで巻く。ボンドをつけ、にしき糸（墨）を巻く（1つは5cm、1つは3cmにし、段差をつける）。
2. 2個合わせてテープを巻き、根元から3cmで切り、かんざしに仕立てる（P.43参照）。**a**

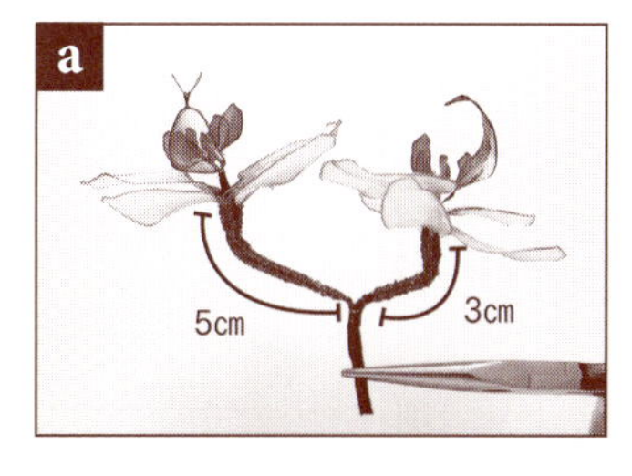

〈かんざし小に仕立てる〉※小菊（黄調合液）を使用

1. 花の根元のワイヤーを1本に切る。
2. 花芯→花C→花B→花A2枚と通し、ボンドで固定する（P.40ねじり巻きのまとめ方参照）。**b**
3. 根元のワイヤーをテープで巻き、2cmで切り、かんざしに仕立てる（P.43参照）。

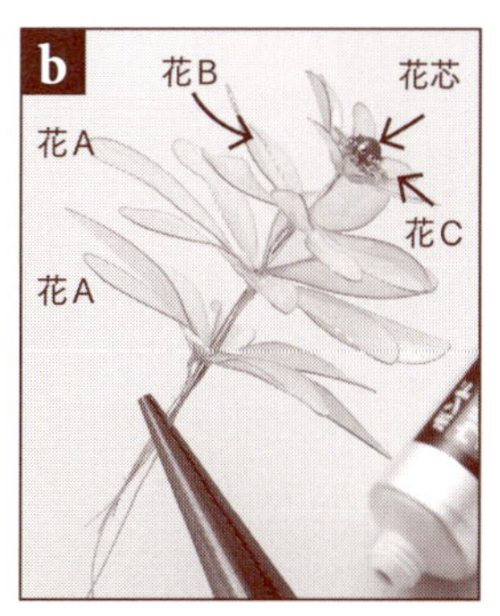

〈ピアスに仕立てる〉※小菊（ガーネットレッド）を使用

1. 花の根元ワイヤーを1本に切り、花芯→花D→花C2枚の順に通す（P.40ねじり巻きのまとめ方参照）。**c**
2. 根元のワイヤーを5mmで切り、折り曲げ、ミール皿にボンドで貼る。

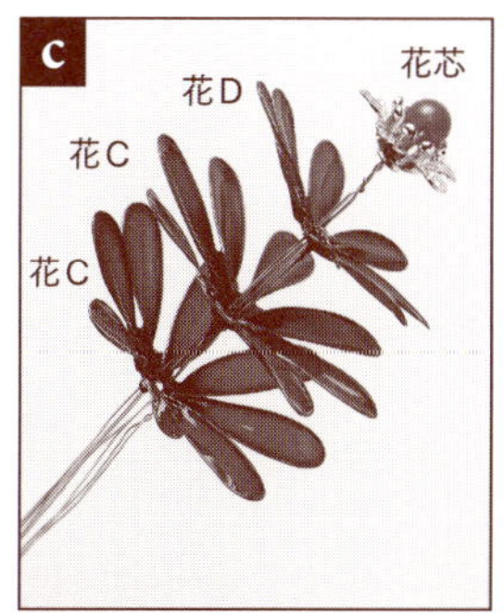

⑬どくだみ 難易度★★☆

作品ページ → P.18　型紙 →前見返し

表記：㋐コーム　㋑ネックレス　㋒ピアス

〈材料〉 ※（G）…ゴールド

ワイヤー

#26（G）…㋐
#28（G）…共通

着色

●**ディップ液**

クリヤー…（花）
チェリーレッド…（葉模様）
緑調合液 クリヤー5：リーフグリーン3：グリーン2 …（葉）

●**マニキュア**

白…（花）、黄緑…（花芯）

●**スプレー**

ホワイト…（葉裏）

花資材

花芯用　とんがりペップ（両端に粒つき）…㋐4本、㋑2本、㋒1本
花芯用　グラスビーズ（小）…適量

資材

コーム（G）15山…㋐1個
ネックレス（G）40㎝…㋑1本
チェーン（G）2.5㎝…㋑1本、㋒2本
チェーン（G）1.5㎝…㋑2本
スカシパーツ月（G）9×32㎜…㋑1個
ピアス（G）カン付…㋒1組
スカシパーツ（G）10㎜…㋒2個
花座（G）7㎜…㋑3個、㋒2個
チェコプレス（クリアリーフ）…㋑3個、㋒2個
三角カン（G）…㋑3個、㋒2個
Cカン（G）…㋑5個、㋒4個
フラワーテープ（緑）（茶）半幅…㋐
にしき糸（G）…㋐

㋐コーム

㋑ネックレス

㋒ピアス

〈下準備〉

●**花（大・小）**

（大）#28・1㎝ゲージ・4回巻き…㋐7本（足は8㎝）
（小）#28・0.8㎝ゲージ・4回巻き…㋑3本、㋒2本

●**葉（大・小）**

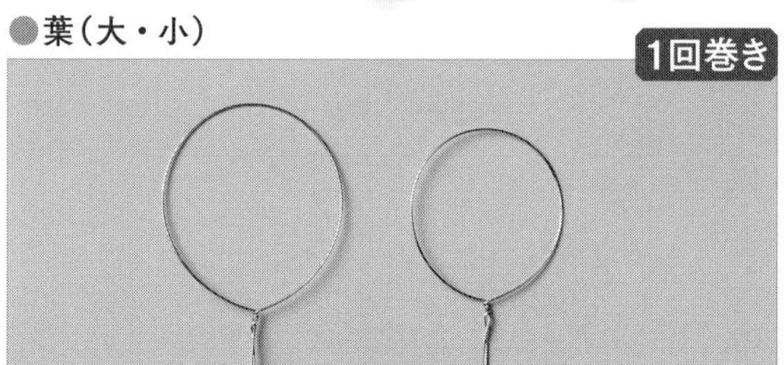

（大）#26・3㎝ゲージ・1回巻き…㋐3枚
（小）#26・2.5㎝ゲージ・1回巻き…㋐5枚

〈作り方〉 ※花、葉（大、小）共通

1 花

花（大・小）は指で型紙通り形付け、クリヤーでディップし乾燥させる。

2

1の裏面にマニキュア（白）を塗り、乾燥させる。

3

花芯はペップを半分に切り、ボンドを塗り、グラスビーズを貼る（P.32参照）。

4

3にマニキュア（黄緑）を塗り、乾燥させ、根元で切り、花の中心にボンドで貼る（P.32参照）。

5 葉

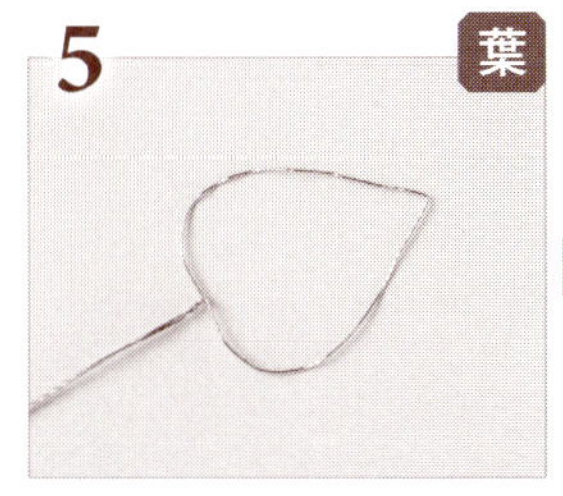

葉（大・小）はペンチで先端をとがらせ、ペンチでウェーブをつけ、型紙通りに形付ける。

6

葉に別ワイヤー（#28）3本でシングルブリッジする（P.30参照）。

7

葉は、先端にチェリーレッドをつけ、ベースの緑調合液でフレームづけする（P.35フレームづけ参照）。

8

葉の裏面にスプレーをし（P.38参照）、乾燥させ、全てストレンスナーをつけ、乾燥させる。

〈コームに仕立てる〉 ※花（大）7輪、葉（大）3枚、葉（小）5枚を使用

1 花と葉の根元のワイヤーをテープで巻く。花は（緑）、葉は（茶）。
2 花7本を根元から2.5〜4cm長さでまとめ、テープ（緑）で巻く。**a**
3 葉（小）5枚を根元から2.5cmでまとめ、葉（大）3枚は根元2cmでまとめる。それぞれをテープ（茶）で巻く。**b**
4 **2**、**3**を根元でまとめ、テープ（茶）で巻き、2.5cmで切り、コームに仕立てる（P.43参照）。

a

b

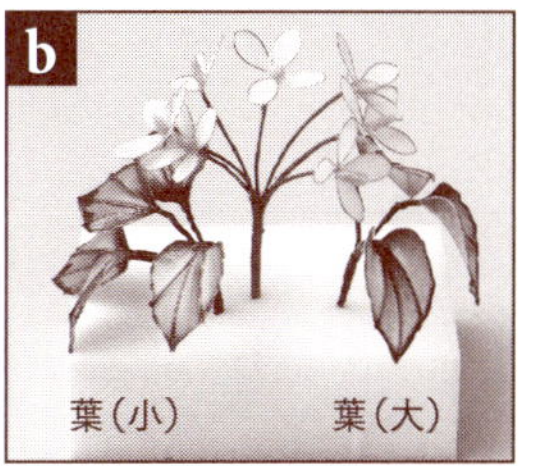

〈共通手順〉 ※花（小）5輪を使用

1 花のワイヤーを花座に通してボンドで貼り、ワイヤーを根元で切る。**c**
2 三角カンでチェーンとビーズをつなぐ（1.5cm2組、2.5cm3組）。**d**

c

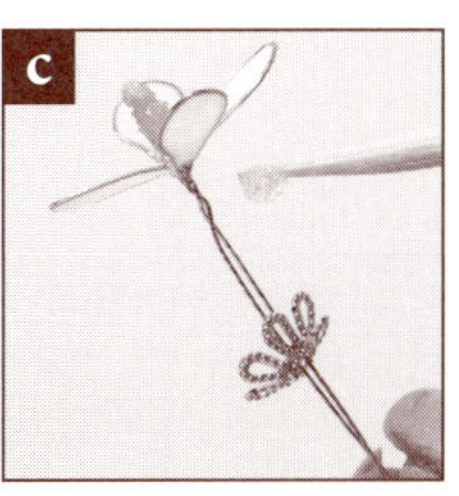

d

〈ネックレスに仕立てる〉 ※花（小）を3輪使用

1 ネックレスを中心で切り、スカシパーツの両端にCカンでつなぐ。
2 スカシパーツの中心に〈共通手順〉**2**の2.5cmチェーン、両端に1.5cmチェーンをCカンでつなぐ。**e**
3 〈共通手順〉**1**をボンドで、スカシパーツ（月）に3つ並べて貼る（P.42参照）。

〈ピアスに仕立てる〉 ※花（小）を2輪使用

1 〈共通手順〉**1**の裏面にスカシパーツをボンドで貼り、〈共通手順〉**2**の2.5cmチェーンをCカンでつなぐ。**f**
2 スカシパーツ上部にピアスをCカンでつなぐ。

e

f

⑭シャンパンローズ

難易度 ★☆☆

作品ページ → P.19　型紙 →前見返し

表記：㋐ネックレス　㋑コーム　㋒ピアス

〈材料〉 ※(G)…ゴールド

ワイヤー

#28(G)、#30(G)…共通

着色

●ディップ液

クリヤー…共通

●マニキュア

シャンパン…花(大)A
白パール…花(大)B、花(小)
グレーパール…(葉)
（以上 共通）

花資材

花芯用　パール(クリーム)4mm…㋐3個、㋑2個
花芯用　パール(クリーム)3mm…㋐9個、㋑6個、㋒2個
花芯用　銅玉(G)3mm…㋐9個、㋑6個、㋒8個

資材

チョーカーネックレス(留め具付)(G)太…㋐1本
曲がりパイプ(G)10cm…㋐1個
コーム(G)15山…㋑1個
ピアス(G)丸皿付6mm…㋒1組
花座(G)14mm…2個
フラワーテープ(茶)半幅…共通
にしき糸(G)…㋐、㋑

〈下準備〉

●花(大)A

ねじり巻き

#28・1.5cmゲージ・間2回ねじり5輪…㋐3本㋑2本

●花(大)B

複数回巻き

#28・1.5cmゲージ・5回巻き…㋐3本㋑2本

●花(小)

ねじり巻き

#28・1cmゲージ・間2回ねじり5輪…㋒2本

●葉

複数回巻き

#28・1.5cmゲージ・5回巻き…㋐6本、㋑5本、㋒2本

〈作り方〉 ※花(大・小)共通

1 花

花は型紙通りに形づけ、指でウエーブをつける。

2 葉

切る　切る

葉はペンチで3輪の先端をとがらせ、型紙通りに形付ける。

3

2の残り2輪を中心で切り、3本はシングルブリッジし、残り1本は根元でねじる(P.30参照)。

4

全てクリヤーでディップし乾燥させ、裏面に指定色のマニキュアを塗る(P.37参照)。

5

全てストレンスナーをつけ乾燥させ、葉の根元にテープを巻く（ピアスの葉は除く）。

6 花（大）花芯

花（大）の花芯を作り、ワイヤーを3㎜残して切る（P.32ビーズの花芯参照）。

7 花（小）花芯

花（小）花芯は、別ワイヤー（#30）15㎝に銅玉3㎜を4個通す。

8

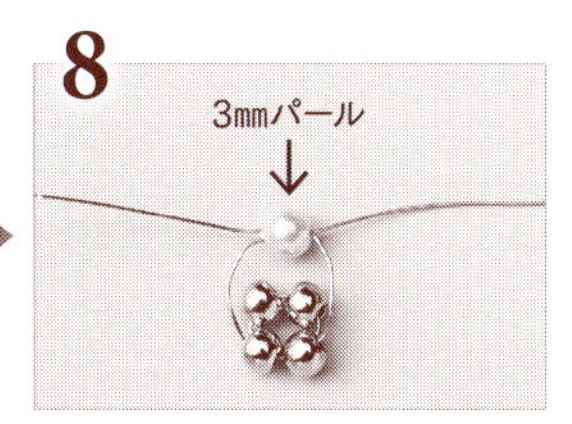

銅玉2個にワイヤーを交差するように通して輪にし、ワイヤーを3㎜パールの両穴から通し、交差させる（P.32参照）。

9

裏でねじり留めたワイヤーを3㎜残して切る。

10 花（大）

花（大）Aの中心に目打ちで穴を開け、花（大）Bを通す。

11

10の中心に**6**をボンドで固定し、根元にテープを巻く。

12 花（小）

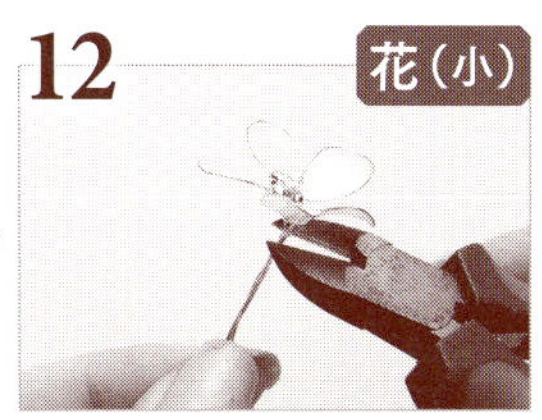

花（小）の中心に**9**をボンドで固定し、ワイヤーを根元で切る。

〈ネックレスに仕立てる〉※花（大）3輪、葉6本を使用

1

葉1本→花（大）1輪→葉2本→花（大）1輪→葉2本→花（大）1輪＋葉1本の順に（根元から1.5㎝）テープでまとめる。

2

根元のワイヤーを2㎝で切り、ボンドをつけ、にしき糸でパイプに巻く。

3

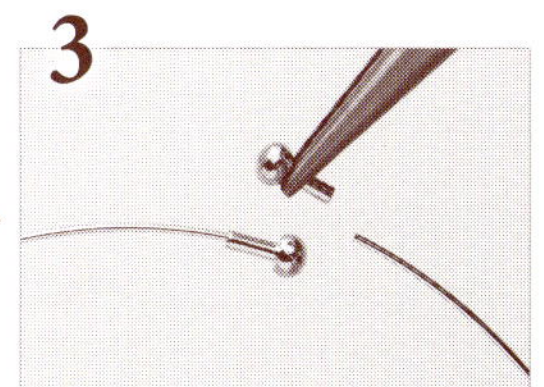

パイプをチョカーネックレスに通し、留め金具をボンドで固定する。

〈コームに仕立てる〉※花（大）2輪、葉5本を使用

1

葉2本→花（大）1輪→葉1本→花（大）1輪→葉2本の順に（根元から1.5㎝）テープでまとめる。

2

根本のワイヤーを2㎝に切る。

3

コームに仕立てる（P.43参照）。

〈ピアスに仕立てる〉※花（小）2輪、葉2本を使用

1

葉2本の根元のワイヤーを切る。

2

ピアス丸皿に花座をボンドで貼る。

3

2に葉をボンドで貼る。

4

3に花（小）をボンドで貼る。

16 コスモス 難易度 ★★☆

作品ページ →P.21　型　紙 →前見返し

表記：㋐かんざし（大）　㋑かんざし（小）

〈材料〉※（G）…ゴールド

ワイヤー

#28（G）、#30（G）、#26（地巻き）…共通

着色

●**ディップ液**

クリヤー…（花）共通

緑調合液 クリヤー5：リーフグリーン5 …（連続葉）共通

●**マニキュア**

濃ピンク・薄ピンク・パールピンク・白…（花）共通

花資材

花芯用　花座（G）13㎜…㋐2個×3、㋑2個×2

花芯用　カットガラス（黄）ボタンカット4㎜…㋐5個×3、㋑5個×2

資材

かんざし（G）…㋐1本

かんざし（G）カン付きU字10㎝…1本
Cカン（G）1.0×5×6㎜…1個
メタルチャーム（G）…1個
…㋑

フラワーテープ（緑）半幅
にしき糸（G）
…共通

㋐かんざし（大）

㋑かんざし（小）

〈下準備〉

●花（大）

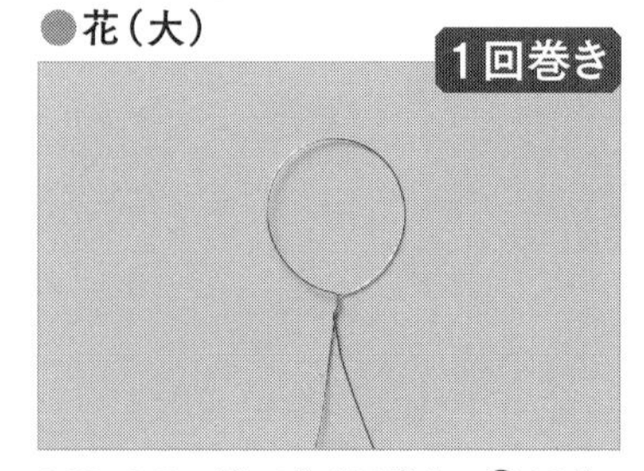

#28・2.5㎝ゲージ・1回巻き…㋐16枚、㋑8枚

●花（小）

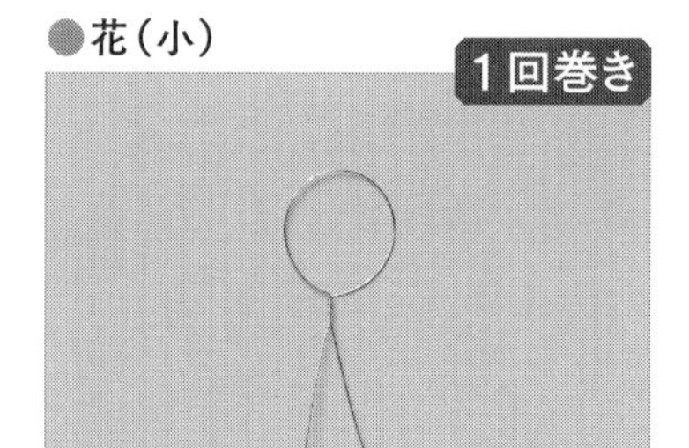

#28・2㎝ゲージ・1回巻き…㋐8枚、㋑8枚

●連続葉

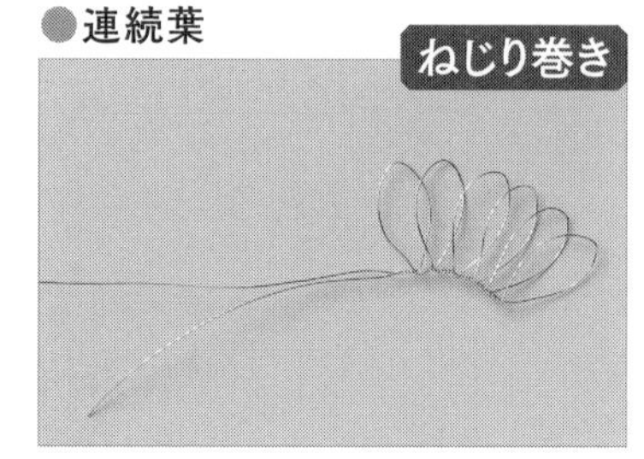

#28・1.5㎝ゲージ・間3回ねじり6輪…㋐5本、㋑3本（P.29参照）

〈作り方〉※花は（大、小）共通

1 花

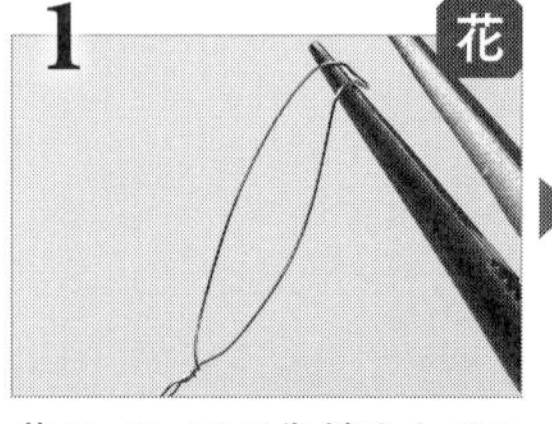

花はペンチで先端をとがらせ、2㎜挟み、後ろへ倒す。

2

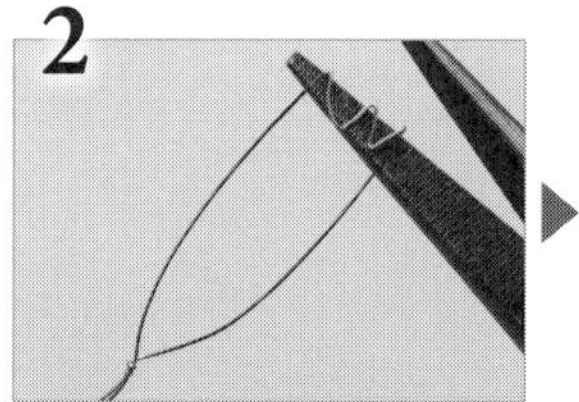

1の先端を挟んで平らにし、さらに後ろへ倒す。

3

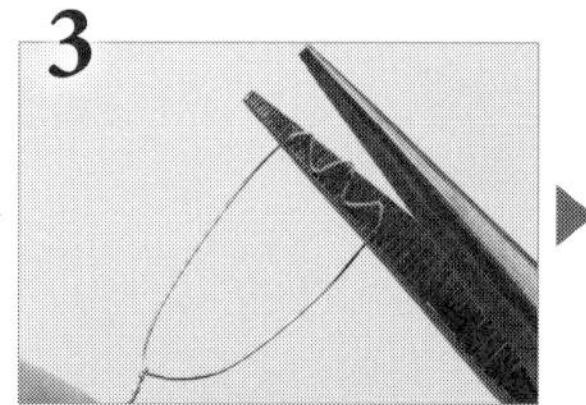

3山をペンチで挟み平らにし、型紙通りに形付ける。

4

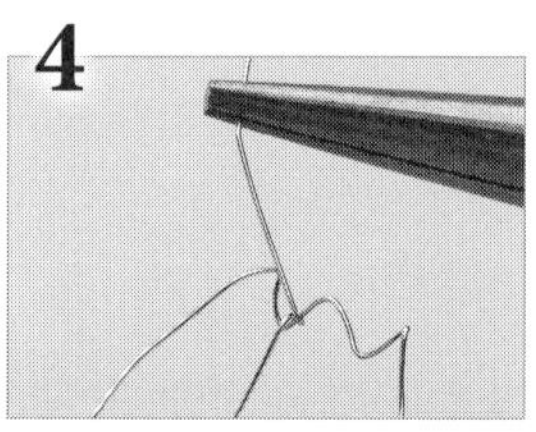

指で内側へ反りをつけ、根元のワイヤー1本で、くぼみにシングルブリッジする（P.30参照）。

5

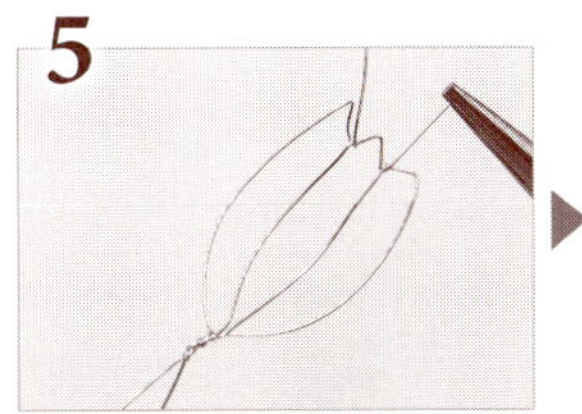

4に別ワイヤー(#28)1本で、もう一つのくぼみにシングルブリッジする(P.30参照)。

6

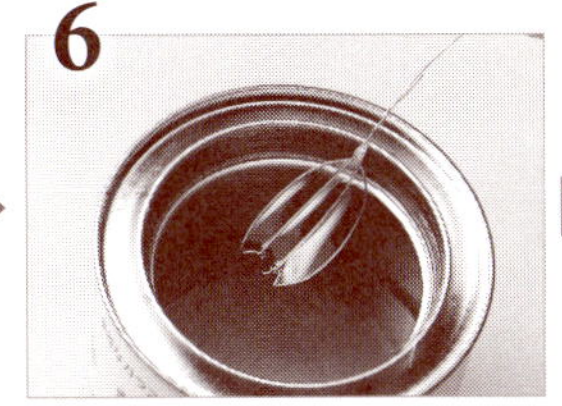

花はクリヤーでディップし、乾燥させる。

7 かんざし(大)

花にマニキュアを塗り乾燥させる。花(大)…(a)(b)色各1輪、花(小)…(c)色1輪(色はP.38参照)。

8 かんざし(小)

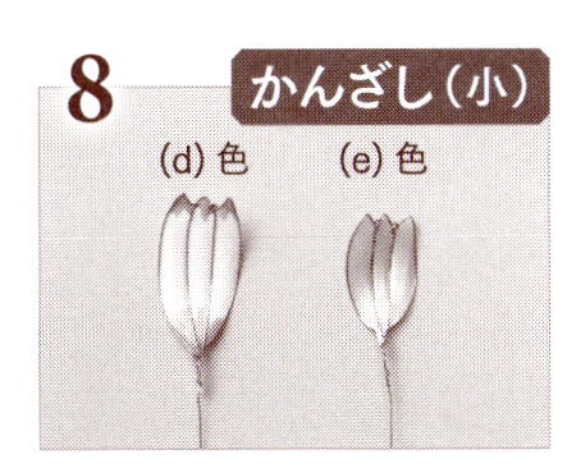

花にマニキュアを塗り乾燥させる。花(大)…(d)色1輪、花(小)…(e)色1輪(色はP.38参照)。

9 連続葉

葉は、輪にペンチを入れ引っ張り、型紙通りに形付ける(P.29参照)。

10

葉は緑調合液でディップし、乾燥させる。

11

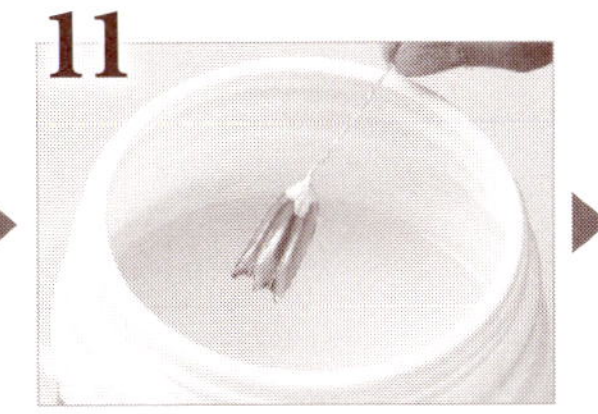

全てストレンスナーをつけ、乾燥させる。

12 花芯

ワイヤー(#30)15cmに、カットガラスを4個通して輪にし、さらに1個通してビーズの花芯を作る(P.32参照)。

13

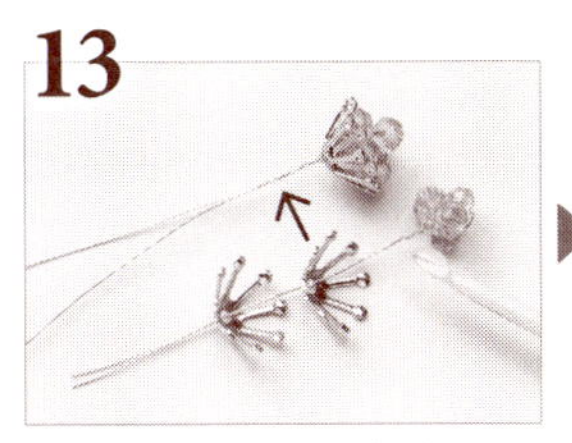

12のワイヤーに花座2個を通し、ボンドで固定する。

14

13に花びら8枚をまとめ、別ワイヤー(#30)で固定する。

15

14の根元に別ワイヤー(#26)10cm1本を添える。

16

テープで巻く。

〈かんざしに仕立てる〉

1 かんざし(大)

7の花と葉5枚を写真のようにまとめ、束ねてテープで巻く。

2 かんざし(小)

8の花と葉3枚を写真のようにまとめ、束ねてテープで巻く。

3 共通

まとめた部分から3cmで切り、かんざしに仕立てる(P.43参照)。

4 かんざし(小)

3のかんざしにメタルチャームをCカンでつなぐ。
※わかりやすいよう、金具だけで説明

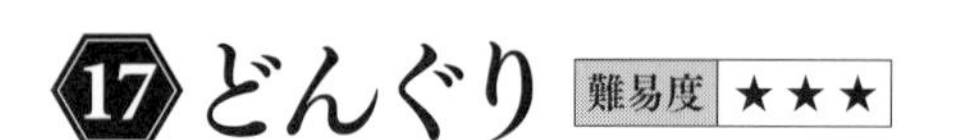

17 どんぐり 難易度 ★★★

作品ページ → P.22　型 紙 →本体表紙

表記：㋐コーム ㋑ネックレス ㋒イヤリング

㋑ネックレス　㋐コーム　㋒イヤリング

〈材料〉 ※（G）…ゴールド

ワイヤー

#28（G）、#30（G）…共通
#26（G）…㋐

着色

●**ディップ液**

クリヤー…（へた）
アンバー…（どんぐり）
ゴールド…（葉（大・小））
…共通

茶調合液 クリヤー7：ブラック2：アンバー1 …（葉（中））㋐

●**マニキュア**

ベージュ…㋐、㋑
茶…㋑
ゴールド…㋒

資材

コーム（G）15山…1個
メタルパーツ（G）リーフ…3個
フラワーテープ（茶）半幅
にしき糸（G）
…㋐

ネックレス（G）アジャスター付45㎝…㋑1個
カツラ（G）2㎜…㋑1個
板バネイヤリング（G）カン付…㋒1組
銅玉（G）3㎜…㋒2個
デザイン丸カン（G）12×10㎜…㋑1個、㋒2個
Cカン（G）…㋑3個、㋒4個

〈下準備〉

●**どんぐり（大）**

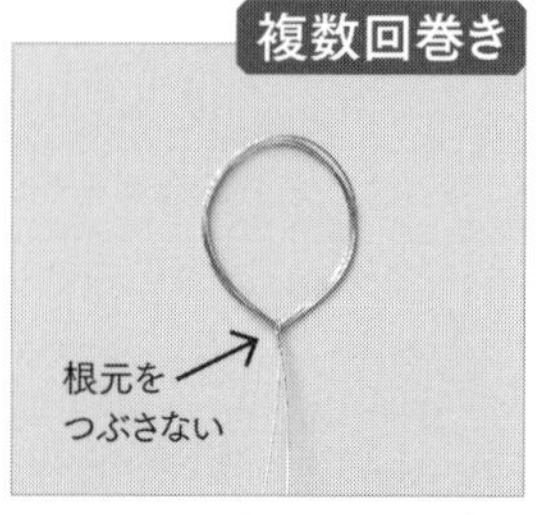

#28・2㎝ゲージ・4回巻き…㋐2個、㋑1個

●**どんぐり（小）**

#28・1.5㎝ゲージ・4回巻き…㋒2個

●**へた（大）**

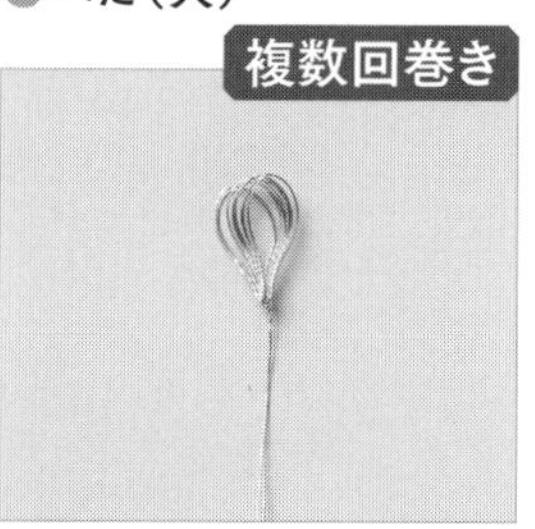

#30・1㎝ゲージ・10回巻き…㋐6本、㋑3本

●**へた（小）**

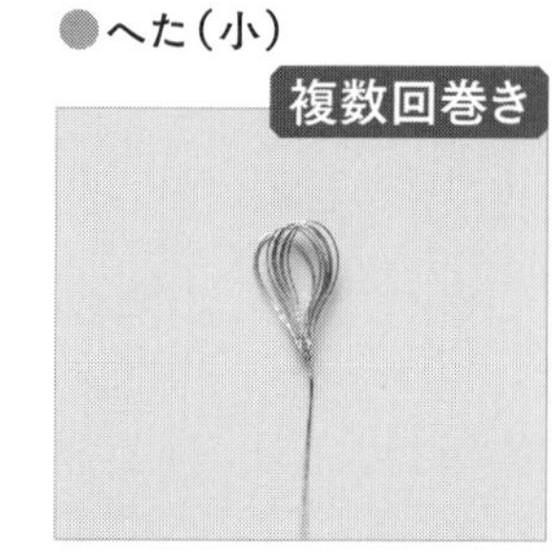

#30・1㎝ゲージ・10回巻き…㋒2個

●**葉（大）**

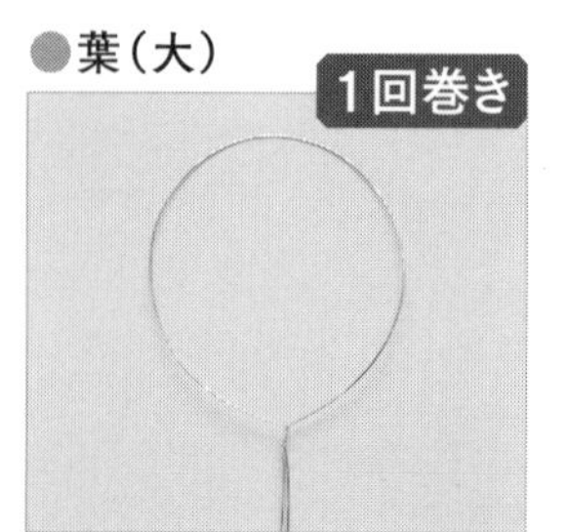

#26・5㎝ゲージ・1回巻き…㋐3枚

●**葉（中）**

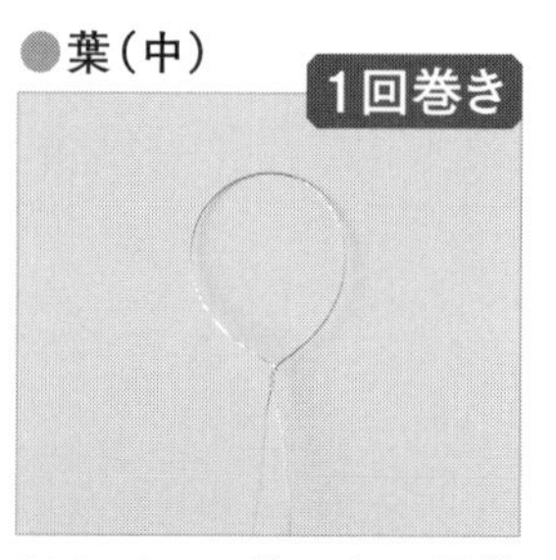

#26・3.5㎝ゲージ・1回巻き…㋐3枚

●**葉（小）**

#28・2.5㎝ゲージ・1回巻き…㋑1枚

〈作り方〉

1 どんぐり（大・小）

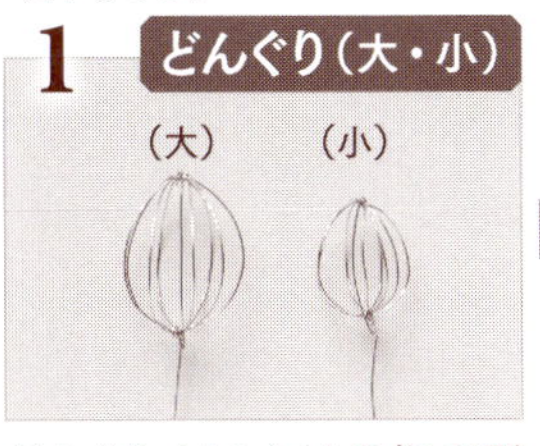

どんぐり（大）（小）を指で型紙通りに形付け、立体にする（P.30参照）。

2 へた（大・小）

へた（大）（小）は型紙通り形付け、へた（小）は、指で内側に反りをつける。

3 葉（大・中・小）

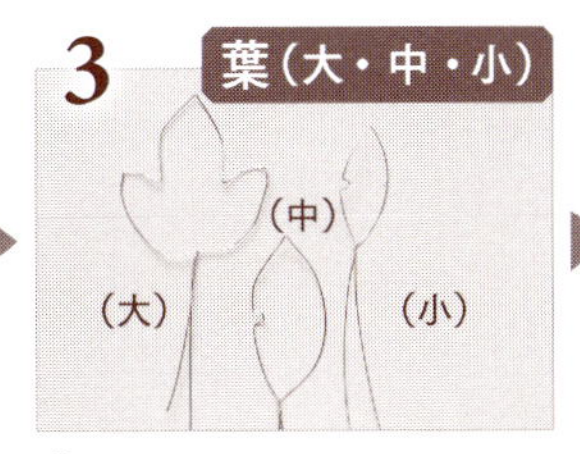

葉（大）（中）（小）はペンチで型紙通り形付け、指でウェーブをつける。

葉（大）

葉（大）は別ワイヤー（#28）3本でシングルブリッジする（P.30参照）。

葉（中・小）

葉（中）（小）は別ワイヤー（#28）1本でシングルブリッジする（P.30参照）。

4

どんぐり（大）（小）はアンバーでかぶせづけする（P.35参照）。

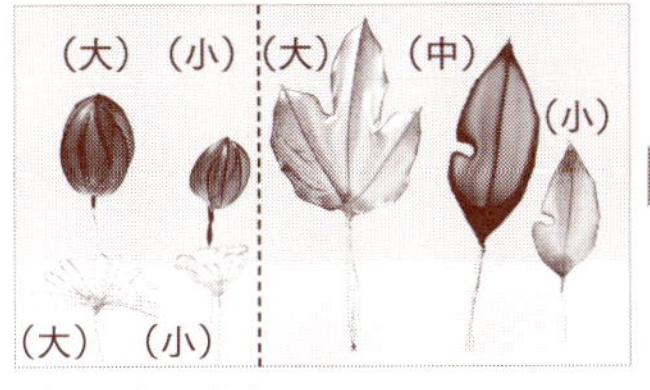

ディップし、乾燥させる。へた（大・小）…クリヤー、葉（大・小）…ゴールド、葉（中）…茶調合液。

5 へた（大・小）

へたは裏面にマニキュアを塗る（大はベージュ、小はゴールド）。

6 葉（小）

葉（小）は虫食い部分にマニキュア（茶）を塗り（P.37参照）、根元のワイヤーを1本に切る。

7

全てストレンスナーをつけ、乾燥させる。

8 どんぐり（大）

どんぐり（大）にへた（大）を3本つけてねじり、根元にボンドをつける。

どんぐり（小）

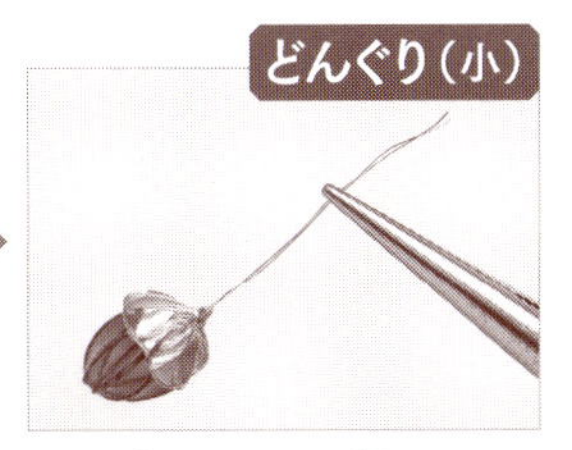

どんぐり（小）の、根元のワイヤーを切り、ボンドでへた（小）を貼る。

〈コームに仕立てる〉 ※葉（大）（中）各3枚、どんぐり（大）2個を使用

1. メタルパーツ（リーフ）に別ワイヤー（#28）を通しねじる（3本作る）。**a**
2. 葉（大）、（中）、**1**（1本）をテープで巻く（3組作る）。
3. **2**→**2**→どんぐり（大）2個→**2**の順にテープで巻く。（どんぐりの軸は1.5cmと2cm長さ）**b**
4. 根本から3cmで切り、コームに仕立てる（P.43参照）。

〈ネックレスに仕立てる〉 ※葉（小）1枚、どんぐり（大）1個を使用

1. どんぐり（大）の根元のワイヤーを3mmで切り、ボンドでカツラをつける（P.42参照）。
2. **1**とデザイン丸カンをCカンでつなぐ→ネックレスとデザイン丸カンをCカンでつなぐ。葉（小）をめがね留めし、Cカンでデザイン丸カンにつなぐ。**c**

〈イヤリングに仕立てる〉 ※どんぐり（小）2個を使用

1. どんぐり（小）は、銅玉を1個通して、丸ヤットコでめがね留めする（P.42参照）。
2. イヤリングにCカン→デザイン丸カン→Cカン→**1**とつなぐ。**d**

a

b

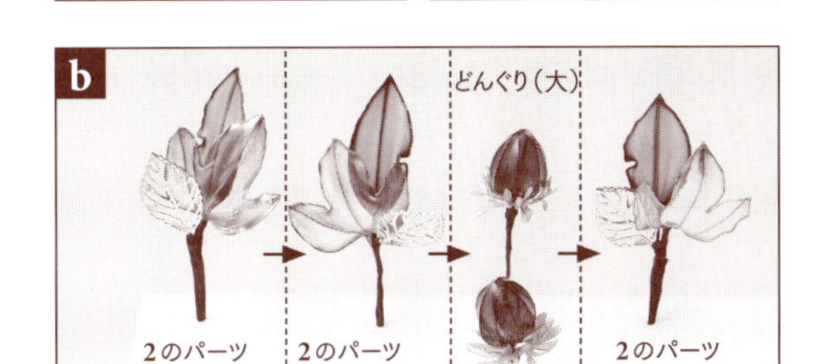

c

d

⑱ クリスマスローズ　難易度 ★★☆

作品ページ → P.23　型　紙 →本体表紙

表記：㋐ブローチ　㋑ポニーフック　㋒コーム

㋐ブローチ

㋑ポニーフック

㋒コーム

〈材料〉※（G）…ゴールド

ワイヤー

#26（G）…㋐、㋑
#28（G）、#30（G）…共通
#24（白地巻き）…12㎝㋒

着色

●**ディップ液**
クリヤー…（花C、花B花芯、花C一重花芯）㋑、㋒
ゴールド…葉共通
茶調合液　クリヤー7：ブラック2：アンバー1 …（花A（大・小））㋐
白調合液　クリヤー9：スノーホワイト1 …（花B）㋑

●**マニキュア**
茶、ピンク、白…㋒
薄緑…㋑、㋒

●**ペン**　ボルドーブラック…㋑

●**3D絵の具**（206）…㋒

花資材

花A、B花芯用　素玉ペップ（G・両端に粒つき）…㋐、㋑各20本
花C花芯用　メタルフラワー（G）12㎜…㋒3個

資材

回転ピン（G）…㋐1個
ポニーフック（G）スカシパーツ付…㋑1個
コーム（G）20山…㋒1個
フラワーテープ（茶）半幅…共通
にしき糸（G）…共通

レシピは他ページ参照

花…茶1個、ピンク1個、葉…ゴールド5枚は、誕生花のクリスマスローズP.91参照して作る。

〈下準備〉

●**花A（大）**　1回巻き

#26・3.5㎝ゲージ・1回巻き…㋐8枚（㋐の外側の花）

●**花A（小）**　複数回巻き

#28・2.5㎝ゲージ・2回巻き…㋐5本（㋐の内側の花）

●**花B**　1回巻き

#26・3㎝ゲージ・1回巻き…㋑5枚

●**花B花芯**　ねじり巻き

#30・1㎝ゲージ・間2回ねじり10輪…㋑1本

●**葉**　複数回巻き

#26・2.5㎝ゲージ・3回巻き…㋐1本、㋑1本

●**花C**　ねじり巻き

#28・1.5㎝ゲージ・間2回ねじり5輪…㋒3本

●**花C花芯**　複数回巻き

#30・0.6㎝ゲージ・10回巻き…㋒3本

●**花D・葉**　レシピはP.91参照

花D…㋒茶1個、㋒ピンク1個。葉…㋒ゴールド5枚。

〈作り方〉

1 花、葉

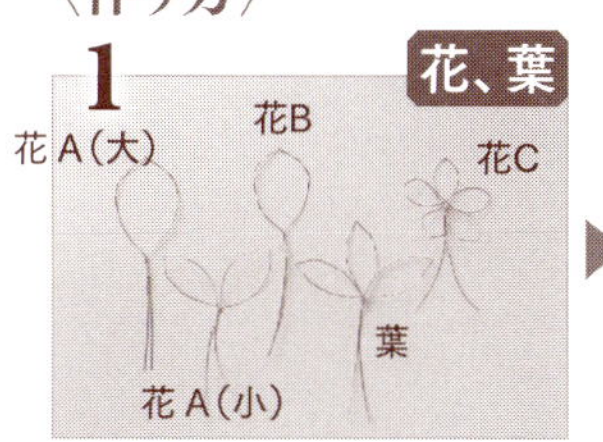

花、葉は、ペンチでとがらせ指でウェーブをつけ、型紙通り形付ける。

2 花芯

花B花芯、花C花芯は指で、型紙通り形付ける。

3 花A・B・C

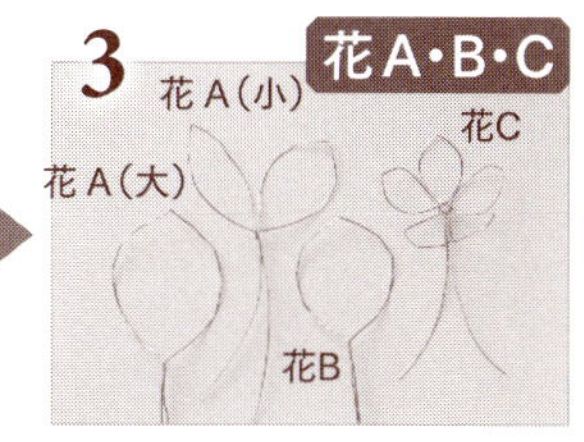

花A（大、小）、花B、花Cは内側に反りをつける。

4 葉

葉は別ワイヤー（#28）3本でシングルブリッジする（P.30参照）。

5 花A・B・C、花芯、葉

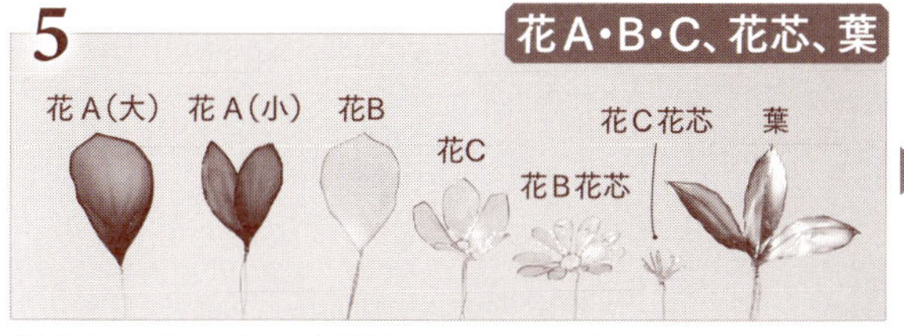

指定色でディップし、乾燥させる（P.39参照）。
茶調合液…花A（大・小）。白調合液…花B。クリヤー…花C、花B花芯、花C花芯。ゴールド…葉。

6 花B・C 花芯

花B花芯は裏面にマニキュア（薄緑）、花C花芯の先端に3D絵の具を塗り、乾燥させる（P.39参照）。

7 花B

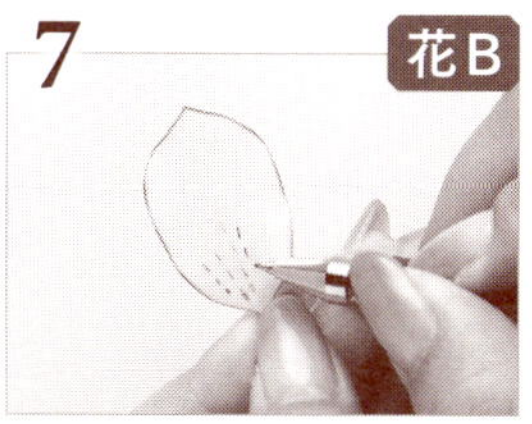

花Bは表面根元にマニキュア（薄緑）を塗り、乾燥後、ペンで模様を描く（P.39参照）。

8 花C・D

花C・Dは裏面にマニキュアを塗り、乾燥させる（P.39参照）。
花C…（薄緑）、（白）、（ピンク）を各1個。花D…茶1個、ピンク1個。

9

全てストレンスナーをつけ、乾燥させる。

10 花A・B 花芯

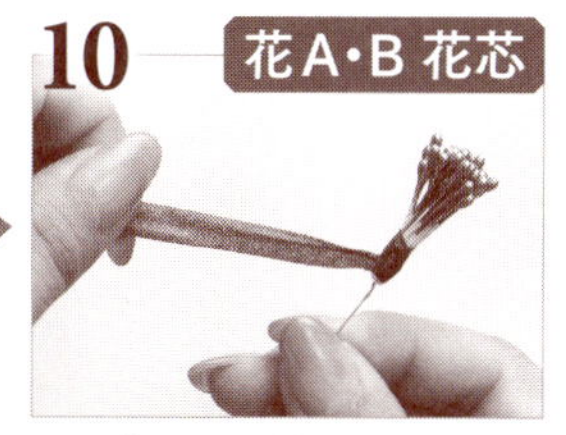

ペップ20本で花芯を作る（P.32参照）。花A、B各1組使用。

〈ブローチに仕立てる〉

1. **10**→花A（小）→花A（大）を別ワイヤー（#30）でまとめ、葉を根元に添え、テープで巻く。 **a**
2. **1**を回転ピンにテープでつけ、ボンドをつけ、にしき糸を巻く（P.43参照）。

〈ポニーフックに仕立てる〉

1. **10**→花B花芯→花Bを別ワイヤー（#30）でまとめ、葉を根本に添え、テープで巻く。 **b**
2. 根元から2cmで切り、ボンドをつけ、にしき糸を巻く。
3. ポニーフックのスカシパーツ部分に、別ワイヤー（#30）で巻いて固定する。

〈コームに仕立てる〉

1. 花C花芯→メタルフラワー→花Cの順にボンドで固定し、テープで巻く。 **丸の中写真**
2. 白地巻きワイヤー（#24）12cmに【葉】→【花C(緑)】→【花D(ピンク)】→【花C(白)＋葉2枚】→【花D(茶)＋葉】→【花C(ピンク)＋葉】の順にテープで巻く。 **c**
3. 根元から2cmで切り、コームに仕立てる（P.43参照）。

a

b

c

⑲ 1月 シンビジウム　難易度 ★☆☆

作品ページ →P24　型紙 →本体表紙

〈材料〉 ※(G)…ゴールド

ワイヤー

#28（G）

着色

●**ディップ液**　クリヤー…適量

●**マニキュア**　緑、濃ピンク…各適量

花資材

花芯用　メタルビーズ（G）8㎜…1個

資材

ピアス（G）U字…1組

メタルビーズ（G）8㎜…1個

座金（G）10㎜…1個

〈下準備〉

花（A）／1回巻き

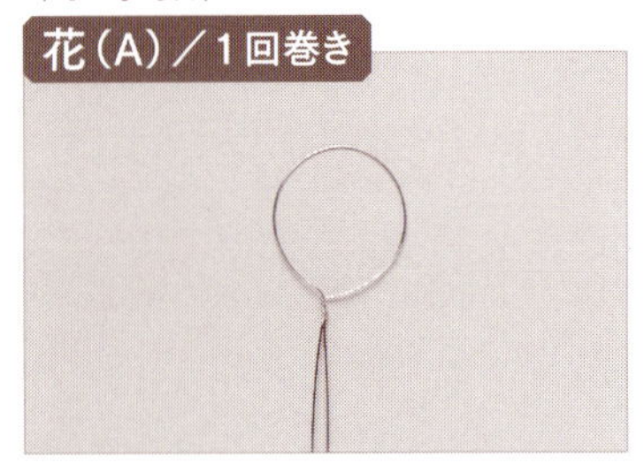

#28・2㎝ゲージ・1回巻き…5枚
※ピアス1で1枚、ピアス2で4枚使用

花（A）／1回巻き（ループ付き）

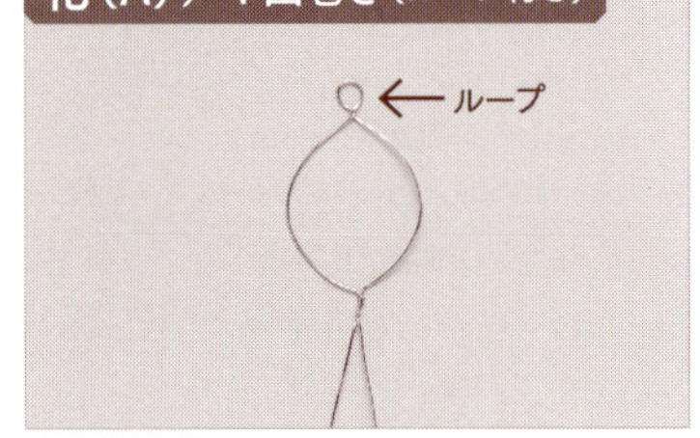

#28・2㎝ゲージ・1回巻き（ループ付き）…1枚（P.28参照）※ピアス2で使用

花（B）／1回巻き

#28・2.5㎝ゲージ・1回巻き…1枚
※ピアス2で使用

〈作り方〉

1. 花（A）6枚は指で型紙通り形付ける（1枚はループ付き）。 a
2. 花（B）の先端に指でウェーブをつけ、型紙通りに形付ける。 b
3. 花を全て別ワイヤー（#28）1本でダブルブリッジする（P.31参照）。 c
4. 花（A）は内側へ、花（B）は外側へ、指で反りをつける（反りのつけ方はP.33参照）。 d
5. 全てクリヤーでディップし、乾燥させる。
6. 裏面にマニキュア（緑）を塗り、花（B）の表面ふちに（濃ピンク）を塗る（P.39参照）。
7. 全てストレンスナーをつけ乾燥させ、根元のワイヤーを1本に切る。
8. ピアス1は、花（A）1枚の根元にビーズを通しめがね留めし（P.42参照）、ピアスに通す。
9. ピアス2は、花（B）に花（A）2枚をつけ、根元を別ワイヤー（#28）でまとめる。 e
10. 9に花（A）3枚をつけ（ループ付きを上にする）、別ワイヤー（#28）でまとめる。 f
11. 10の根元から1㎝部分でワイヤーを切り、ペンチで折り曲げ、ボンドで座金を貼る。 g
12. 花の中央にボンドでビーズを貼り、花（B）で包み整える。 h
13. ループに目打ちで穴をあけ、ピアスに通す。

作り方Point!

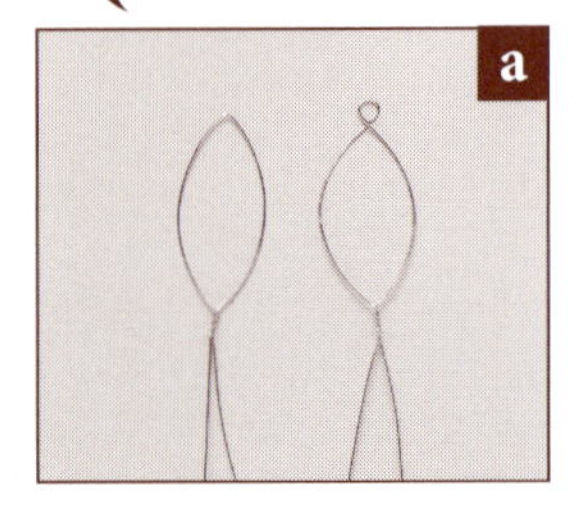

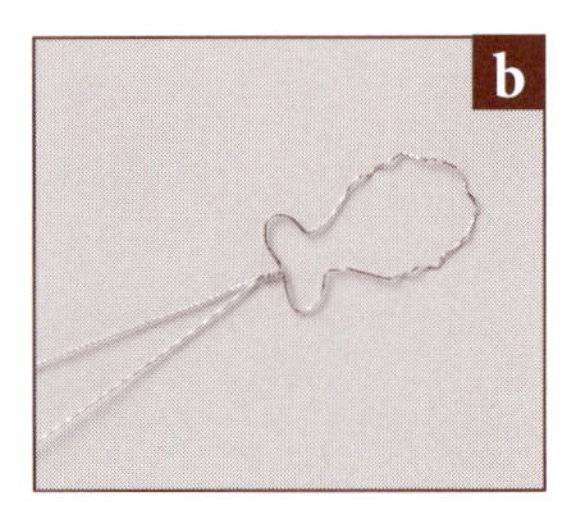

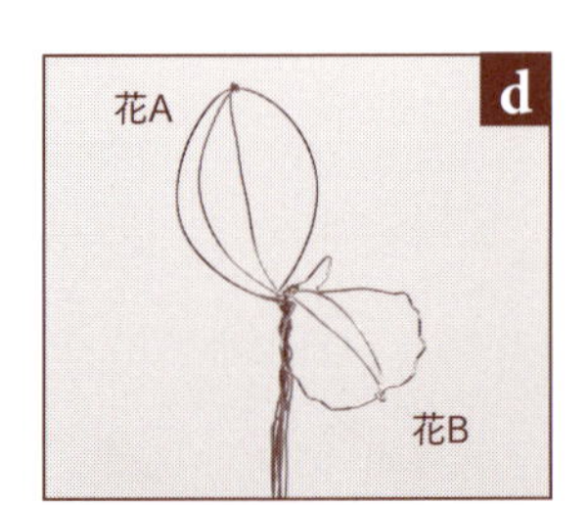

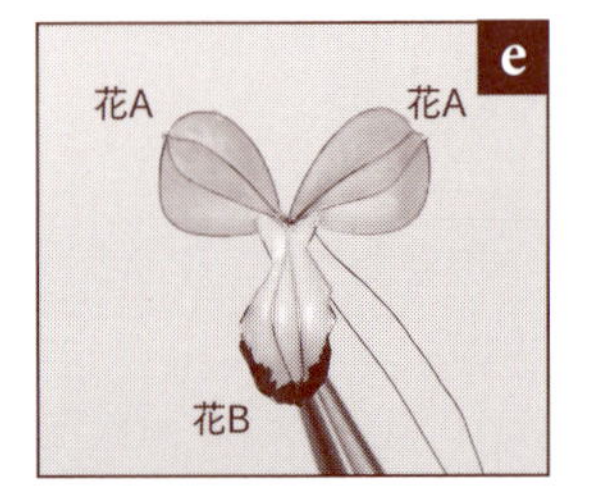

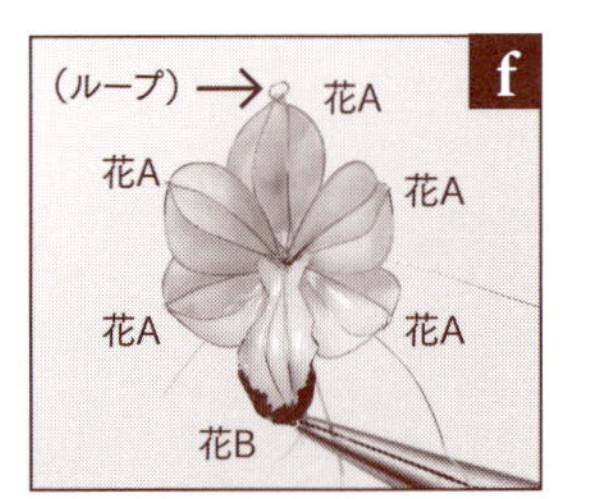

20 2月 スイートピー

難易度 ★☆☆

作品ページ → P.24　型　紙 →本体表紙

〈材料〉※(S)…シルバー

ワイヤー

#28(S)、#30(S)

着色

●**ディップ液**

クリヤー(花)…適量

ライトグリーン(がく)…適量

●**マニキュア**　濃ピンク、薄ピンク…各適量

花資材

花芯用

チェコビーズ雫(ピンク)9×6㎜…4個

資材

ピアス(S)カン付…1組

ウェーブメタルバー(S)62㎜…2個

座金(S)6㎜…4個

チェーン(S)2㎝…2本　Cカン(S)…8個

〈下準備〉※わかりやすいよう、地巻きワイヤーで説明

花(大)/複数回巻き(ループ付き)

←ループ

#28・2㎝ゲージ・2回巻き(ループ付き)…4本(P.29参照)

花(小)/複数回巻き

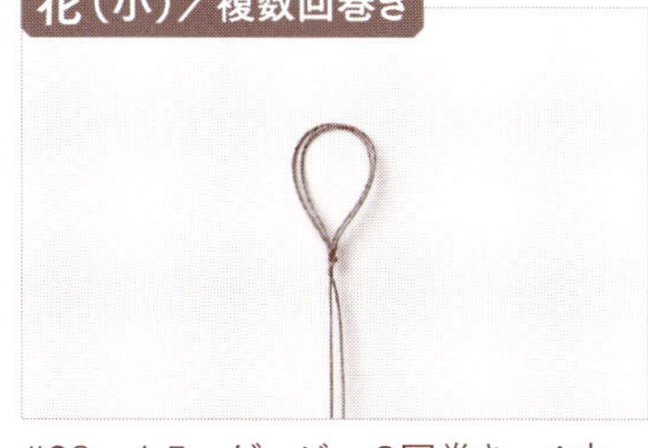

#28・1.5㎝ゲージ・2回巻き…4本

がく/複数回巻き

#30・0.8㎝ゲージ・5回巻き…4本

〈作り方〉※わかりやすいよう、地巻きワイヤーで説明

1 花は指でDの形にし、ウェーブをつける。a
2 開いて、型紙通り形付ける。b
3 花(大)はループの位置を左、右で2本ずつ作る。c
4 がくはペンチで先端をとがらせ、型紙通り形付ける。d
5 指定色でディップし、乾燥させる。
6 花は裏面にマニキュアを塗り、乾燥させる。上部に濃ピンクを塗り、乾燥後全体に、薄ピンクを塗る(P.39参照)。
7 全てストレンスナーをつけ、乾燥させる。
8 チェコビーズに別ワイヤー(#30)を通し、根元でねじる。e
9 8→花(小)→花(大)→がくの順に束ねて根元でねじる。f
10 根元のワイヤーを3㎜で切り、座金をボンドで貼る。g
11 花(ループ左)とチェーンをCカンでつなぐ。
12 ウェーブメタルバーと、11と、花(ループ右)をCカンでつなぐ。h
13 12とピアスをCカン2個でつなぐ。

作り方 Point!

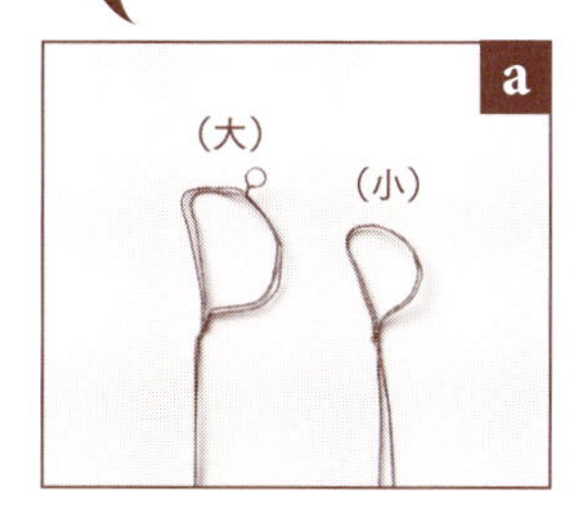

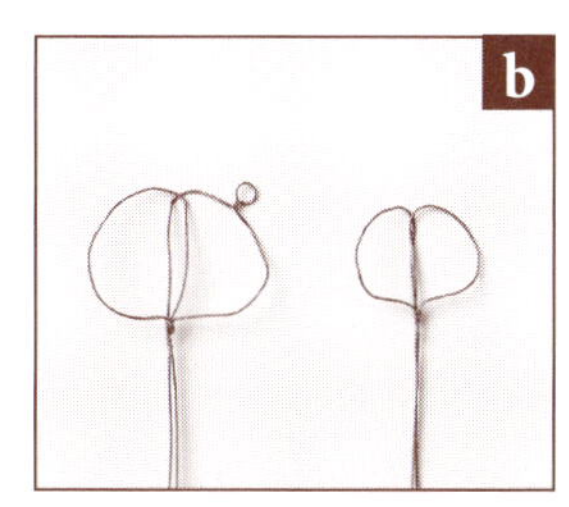

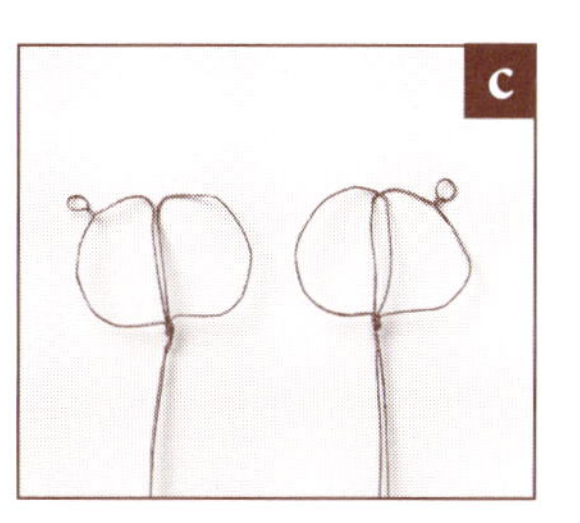

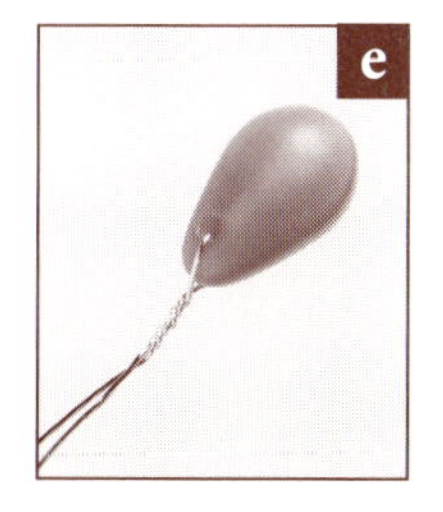

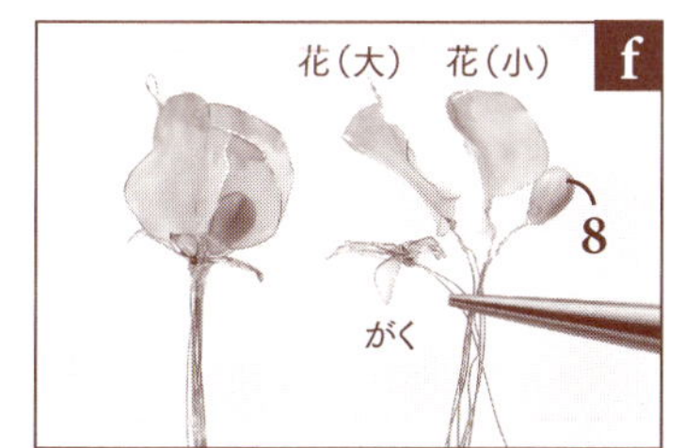

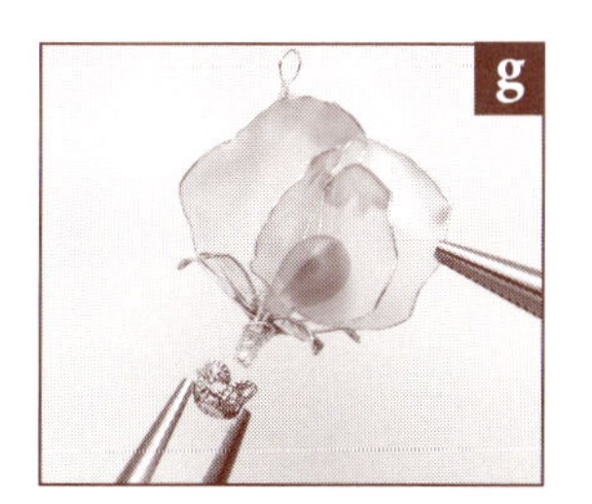

21 3月 忘れな草 難易度 ★★☆

作品ページ → P.24　型紙 →本体表紙

〈材料〉※(S)…シルバー

ワイヤー

#30(S)

着色

●**ディップ液**　クリヤー…適量

●**マニキュア**　水色、白(細筆)…適量

花資材

花芯用　スワロフスキー(黄)3㎜…12個

資材

ピアス(S)U字…1組

銅玉(S)3㎜…12個

コットンパール(白)6㎜…4個

スカシパーツ(S)花六弁15㎜…2個

Tピン(S)0.6×30㎜…4本

〈下準備〉

花／複数回巻き

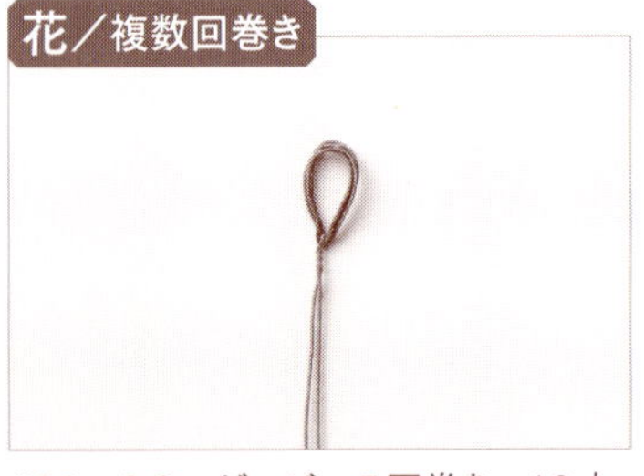

#30・0.8㎝ゲージ・5回巻き…12本

※わかりやすいよう、地巻きワイヤーで説明

〈作り方〉※わかりやすいよう、地巻きワイヤーで説明

1 花の根元を5㎜ペンチでつまみ、輪に目打ちを入れ丸くする。a

2 つまんだ所から、指で花びらを1枚ずつ広げ、型紙通りに形付ける。b

3 全てクリヤーでディップし、乾燥させる。c

4 裏面にマニキュア(水色)を塗り、表面中央にマニキュア(白)を塗り、乾燥させる。(P.39参照)

5 全てストレンスナーをつけ乾燥させ、根元のワイヤーを1本に切る。

6 花の中心にスワロフスキーをボンドで貼る。

7 花の根元にボンドをつけ、銅玉1個を通し、固定する。d

8 7を6本まとめ、半球の形に整える。e

9 8の根元のワイヤーをペンチで最後までねじる。

10 スカシパーツの中央に9のワイヤーを通し、ボタン留めする(P.42参照)。f

11 Tピンにパールを通し、丸ヤットコで輪を作る(2組)。端から4㎜切って輪を作る(2組)(P.41Tピンの丸め方参照)。g

12 スカシパーツ上部にピアスを通し、下部に11をつなぐ。h

作り方 Point!

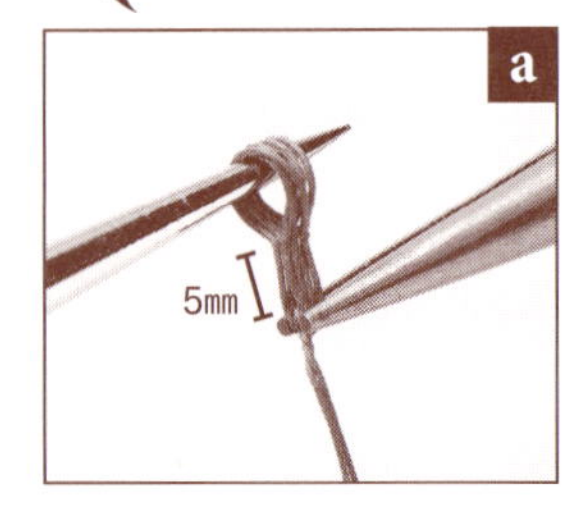

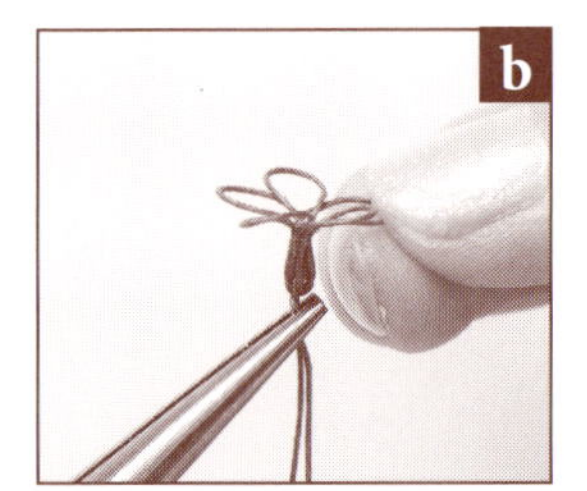

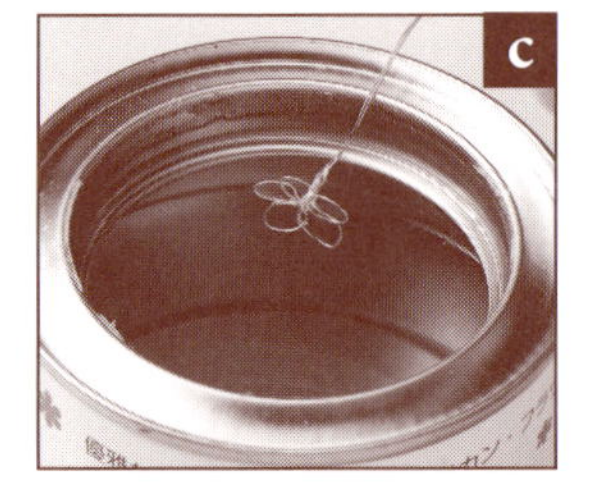

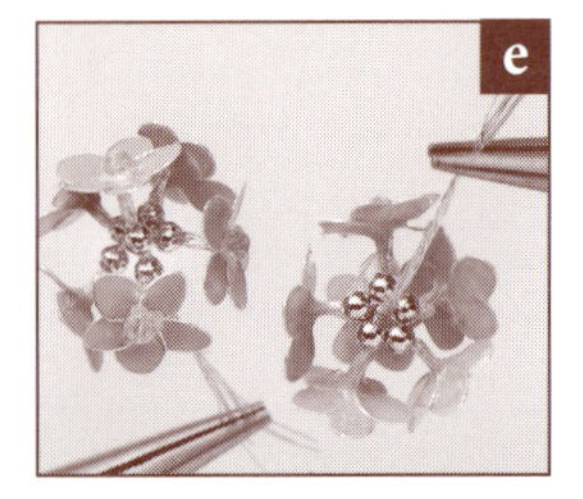

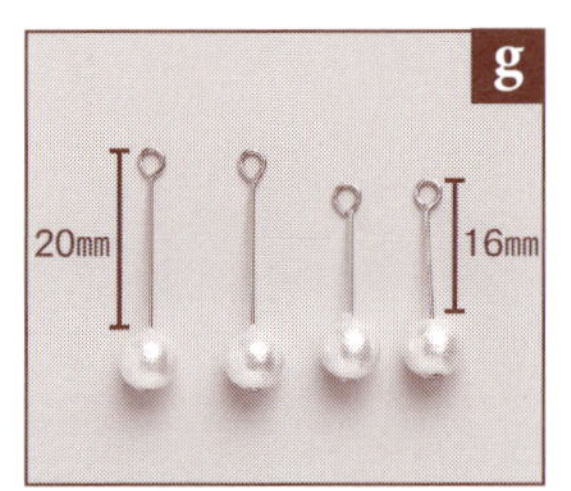

22 4月 アルストロメリア 難易度 ★☆☆

作品ページ →P.24　型紙 →本体表紙

〈材料〉※(G)…ゴールド

ワイヤー
#28(G)、#30(G)

着色
●**ディップ液** クリヤー…適量
●**マニキュア** 橙、薄橙、黄…適量
●**ペン** ボルドーブラック
●**3D絵の具**(208)…(花芯)適量

資材
ピアス(G)フック式…1組
座金(G)10㎜…2個

〈下準備〉

花A／ねじり巻き

#28・2㎝ゲージ・間2回ねじり3輪…2本

花B／ねじり巻き(ループ付き)

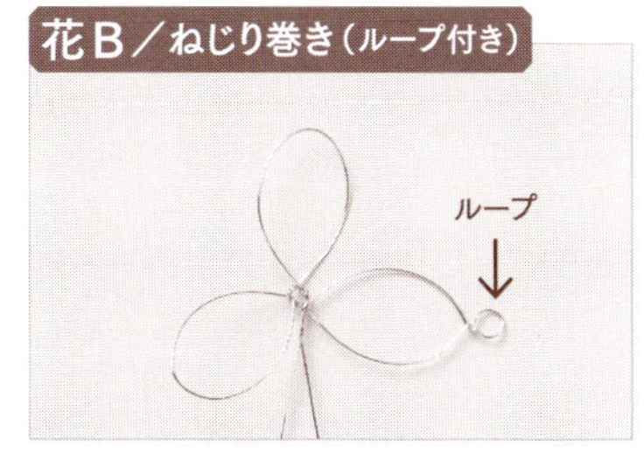

#28・1.5㎝ゲージ・間2回ねじり3輪(ループ付き)…2本(P.29参照)

花芯／複数回巻き

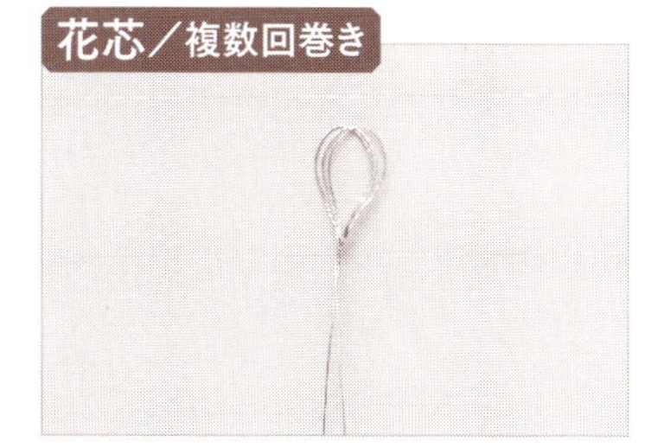

#30・1㎝ゲージ・3回巻き…2本

〈作り方〉

1 花Aは、先端を指でハート形にし、型紙通りに形付ける。 a
2 花Bは、ペンチで先端をとがらせ、型紙通りに形付ける。 b
3 全てディップし、乾燥させる。
4 花Aは裏面に薄橙を塗り、表面くぼみに橙を塗る(P.39参照)。 c
5 花Bは裏面中心部に黄、乾燥後、裏面全体に薄橙を塗る(P.39参照)。 d
6 花Bは表面にペンで模様を描く(P.39参照)。 e
7 全てストレンスナーをつけ、乾燥させる。
8 花芯の根元にボンドをつけ、乾燥後、輪の中心を切り、型紙に合わせて整える。 f
9 先端に3D絵の具を塗り乾燥させる(P.39参照)。 g
10 花の中心に目打ちで穴をあける。
11 花芯→花B→花Aの順に通しねじり、根元のワイヤーを3㎜で切る。 h
12 花の裏面にボンドで座金を貼る。
13 花Bのループをピアスに通す。

作り方Point!

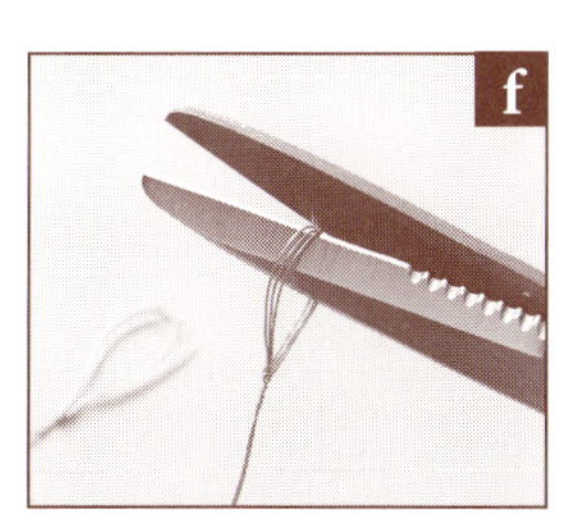

h

㉓ 5月 カーネーション　難易度 ★★☆

作品ページ → P.24　型　紙 →後ろ見返し

〈材料〉 ※(G)…ゴールド

ワイヤー

波型ワイヤー（G）

着色

●**ディップ液**

ホットピンク…適量

資材

ピアス（G）フック式…1組
シャネルストーン（緑）10×5㎜…1個
メタルパーツキャップ（G）10×13㎜…1個
スワロフスキー（緑）4㎜…2個
9ピン（G）0.6×30㎜…1個
チェーン（G）2.5㎝、3㎝…各1本
Cカン（G）…5個

〈下準備〉

花A／ねじり巻き

波型ワイヤー・1.5㎝ゲージ・間2回ねじり5輪…2本

花B／ねじり巻き

波型ワイヤー・1㎝ゲージ・間2回ねじり3輪…1本

花C／複数回巻き

波型ワイヤー・1㎝ゲージ・3回巻き…3本

〈作り方〉

1 花は逆三角形にし、型紙通り形付ける。 a
2 全てディップし、乾燥させる。
3 全てストレンスナーをつけ、乾燥させる。
4 9ピンと2.5㎝チェーンをCカンでつなぐ。 b
5 花A、Bの中心に目打ちで穴をあける。
6 4の9ピンの輪の下に、花Cを巻き、ボンドで固定し、ワイヤーを切る。 c
7 6の花C→花B→花A2本の順に通し、根元をボンドで固定する。9ピンは残し、余分なワイヤーは切る。 d
8 メタルパーツキャップにボンドをつけ、7の根元につける。 e
9 9ピンの端から7㎜で切り、丸ヤットコで輪をつくる。（P.41参照） f
10 花Cの根元のワイヤーを1本に切り、スワロフスキーを1個通す（2組）。
11 10の花びらをすぼめ、丸ヤットコでめがね留め（P.42参照）する（2組）。 g

●**ピアス1**

1 花とシャネルストーンをCカンでつなぐ。
2 チェーンとピアスをCカンでつなぐ。

●**ピアス2**

1 花Cと3㎝チェーンをCカンでつなぐ。
2 1と花CをピアスにCカンでつなぐ。 h

作り方Point!

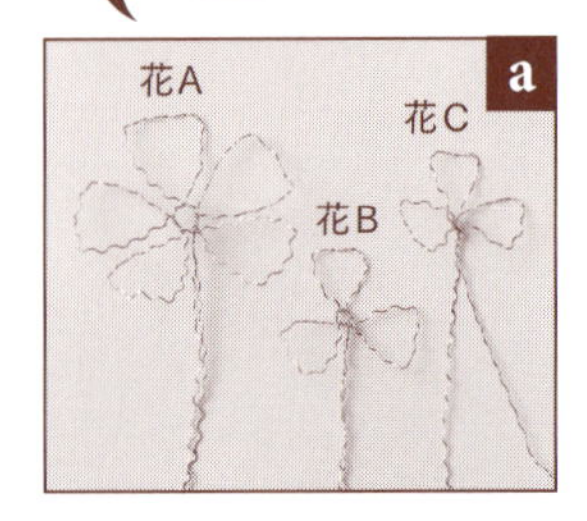

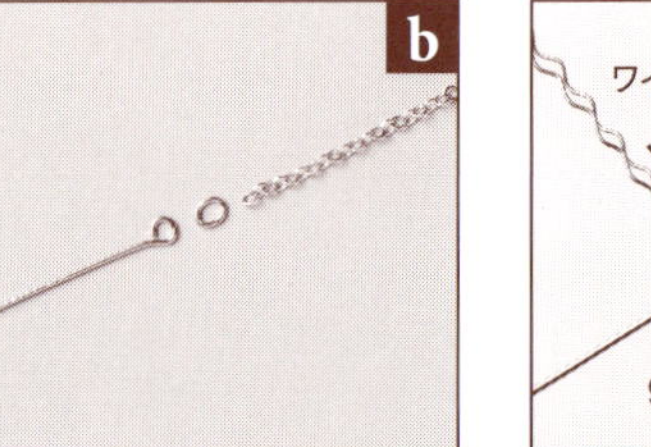

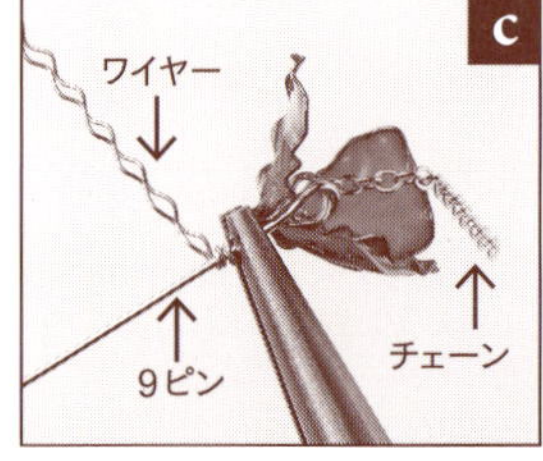

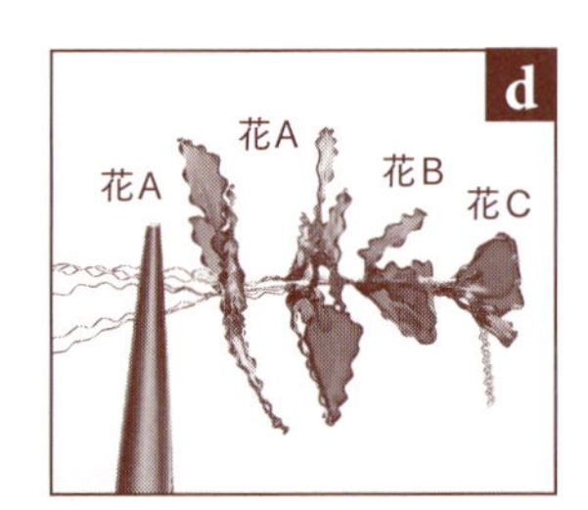

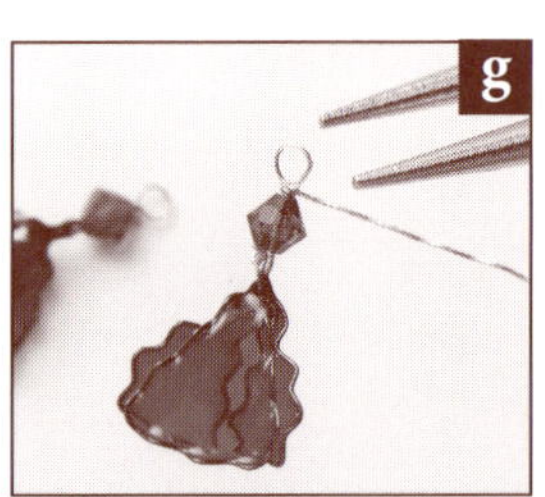

24 6月 野ばら 難易度 ★☆☆

作品ページ →P.24　型　紙 →後ろ見返し

〈材料〉※(G)…ゴールド

ワイヤー

#26(G)、 #28(G)、 #30(G)

着色

●**ディップ液**

パールイエロー…(花)適量

茶調合液 クリヤー2：アンバー1 …(実の先端)適量

●**3D絵の具**(208)…(花芯)適量

花資材

実用　チェコビーズ(赤)ツイスト9×6㎜…3個

資材

ピアス(G)U字…1組

メタルフラワー(G)12㎜…1個

スカシパーツ(G)リーフ35㎜…1個

メタルパーツ(G) デイジー3㎜…3個

チェーン(G)1㎝、2㎝、5㎝…各1本

ガラスビーズ(G)8㎜…2個

9ピン(G)0.8×30㎜…2個

丸カン(G)0.7×3.5㎜…6個

〈下準備〉

花／ねじり巻き

#26・2㎝ゲージ・間2回ねじり5輪…1本

花芯／複数回巻き

#30・1㎝ゲージ・10回巻き…2本

実の先端／複数回巻き

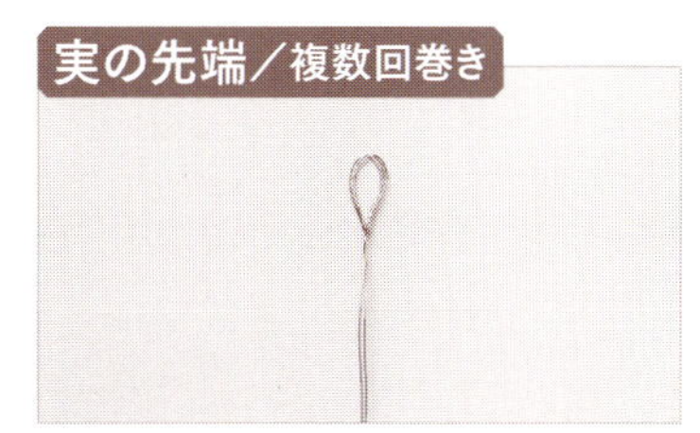

#28・0.7㎝ゲージ・3回巻き…3本

〈作り方〉

1 花は型紙通りに形付け、指でウェーブと反りをつける。a
2 実の先端はペンチでとがらせ、型紙通りに形付ける。b
3 花と実の先端を指定色でディップし、乾燥させる。
4 花芯は指で細く棒状にし、2本抱き合わせ、根元でねじり、先端に3D絵の具を塗る(P.31参照)。c
5 花の中心に目打ちで穴をあけ、花芯を入れ根元でねじる。d
6 ストレンスナーをつけ、乾燥させる。実の先端の足ワイヤーを1本に切る。
7 実の先端に、メタルパーツ→チェコビーズの順に通し、めがね留めする(P.42参照)。e これを3個作る。

●**ピアス1、2共通**

1 実に1㎝、2㎝、5㎝のチェーンをそれぞれ丸カンでつなぐ。f
2 ガラスビーズに9ピンを通し、丸ヤットコで輪を作る(P.41参照)。(2個)。

●**ピアス1** ※実の先端を2個使用

1 共通の2㎝と5㎝の実をガラスビーズに丸カンでつなぎ、ピアスに通す。g

●**ピアス2** ※花1輪、実1個を使用

1 花の根元のワイヤーを5㎜で切り、折り曲げる。
2 花→メタルフラワー→スカシパーツの順にボンドで貼る。
3 共通の1㎝の実と、ガラスビーズを丸カンでつなぐ。
4 スカシパーツ上部にピアスを通し、下部に3を丸カンでつなぐ。h

作り方 Point!

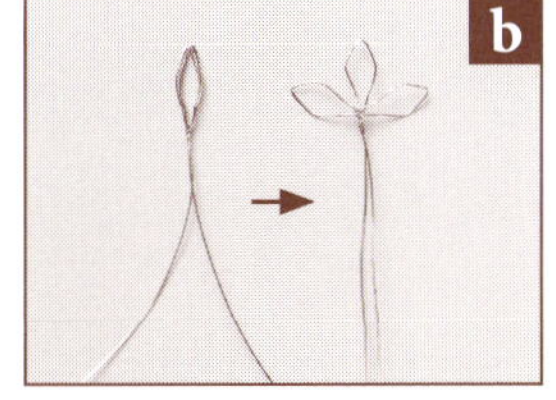

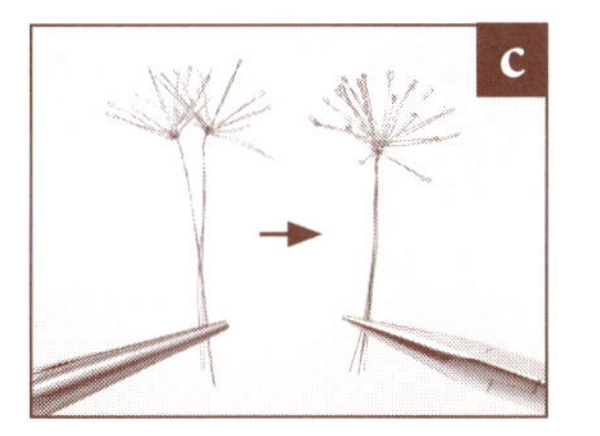

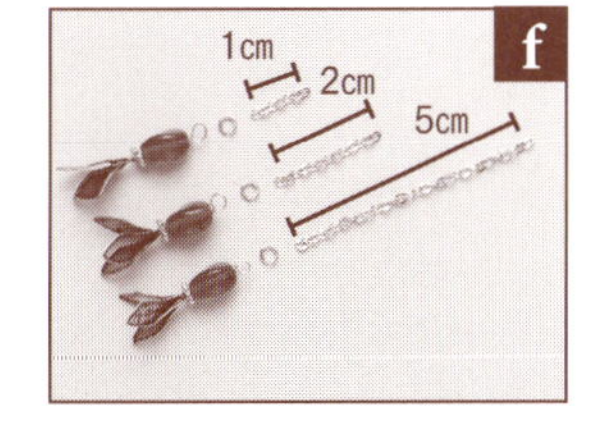

25 7月 トルコキキョウ 難易度 ★☆☆

作品ページ → P.25　型　紙 →後ろ見返し

〈材料〉※(G)…ゴールド

ワイヤー

#28(G)、#30(G)

着色

●**ディップ液**　クリヤー…適量

●**マニキュア**

白、紫…(花)適量

薄緑…(花芯)適量

花資材

花芯用　花座(G)13㎜…2個

資材

ピアス(G)丸皿カン付き10㎜…1組

チェコビーズ(紫)雫 9×6㎜…2個

スカシキャップ(G)11㎜…2個

チェーン(G)3㎝…2本

丸カン(G)…4個

〈下準備〉

花／ねじり巻き

#28・2㎝ゲージ・間1回ねじり5輪…2本

花芯／複数回巻き

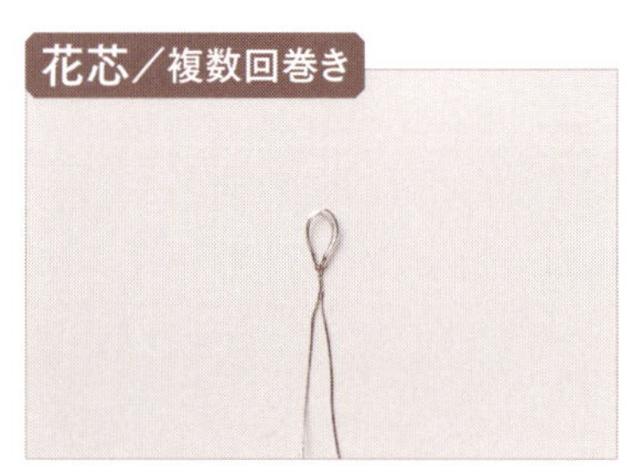

#30・0.6㎝ゲージ・2回巻き…2本

〈作り方〉

1 花は指で細かくウェーブをつけ、型紙通りに形付ける。a
2 花びらが重ならないよう広げる。b
3 花芯はペンチで型紙通りに形付ける。c
4 全てクリヤーでディップし、乾燥させる。
5 花の裏面ふちにマニキュア(紫)を塗る。乾燥後、裏面の透明な部分に(白)を塗る(P.39参照)。d
6 花芯の裏面にマニキュア(薄緑)を塗り、乾燥させる。e
7 全てストレンスナーをつけ、乾燥させ、根元のワイヤーを全て切る。
8 花びらの先端を、指で外側へ反りをつける。f
9 ピアスの皿に、スカシキャップ→花→花座→花芯の順に、ボンドで貼る(P.42参照)。g
10 ピアスのカンに丸カンでチェーンをつなぎ、チェーンの先に丸カンでビーズをつなぐ。h

作り方 Point!

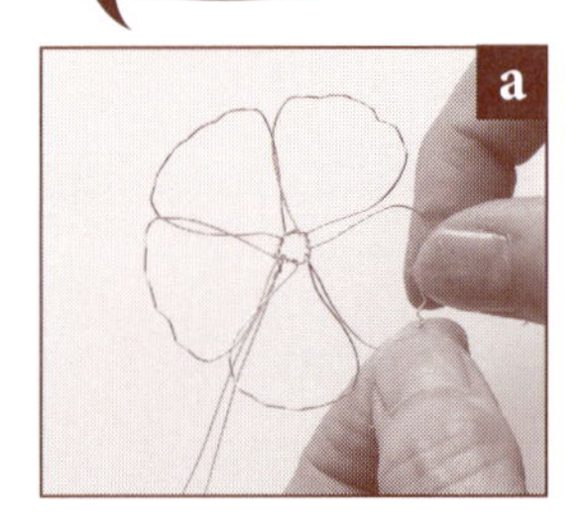

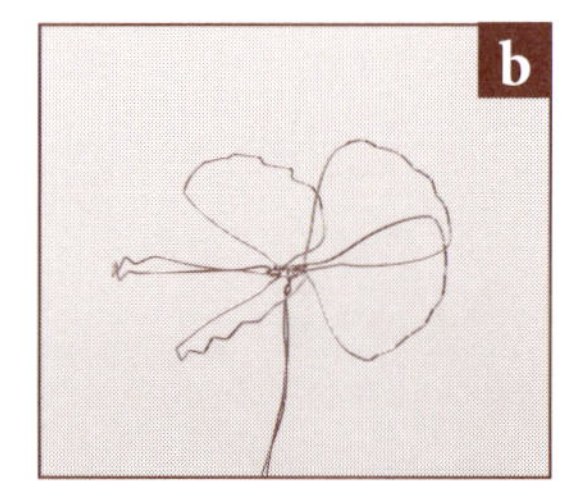

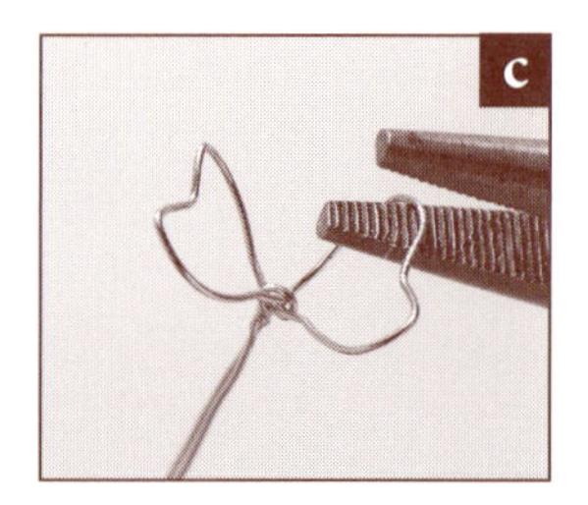

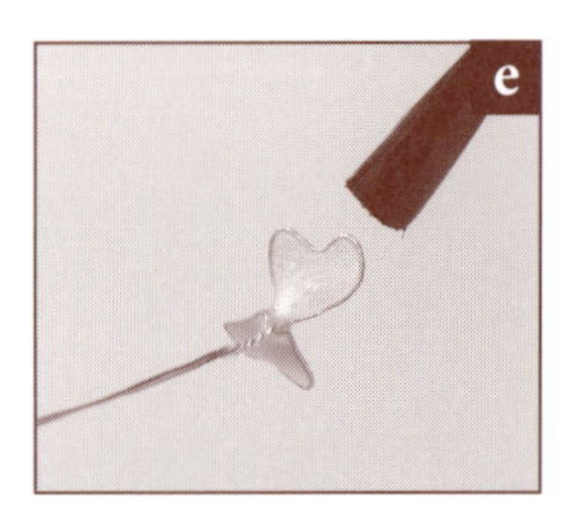

26 8月 朝顔 難易度★★☆

作品ページ → P.25　型 紙 →後ろ見返し

ピアス1

ピアス2

〈材料〉 ※(S)…シルバー

ワイヤー

#28 (S)

着色

●**ディップ液**

DXパール…(花)適量

グリーン…(葉)適量

●**マニキュア**　薄青…適量

花資材

花芯用　デザインTピン(S)…1個

資材

ピアス(S)U字…1組

円錐メタルパーツ(S)…1個

チェーン(S)2cm…1本

Cカン(S)…1個

〈下準備〉 ※わかりやすいよう、地巻きワイヤーで説明

花

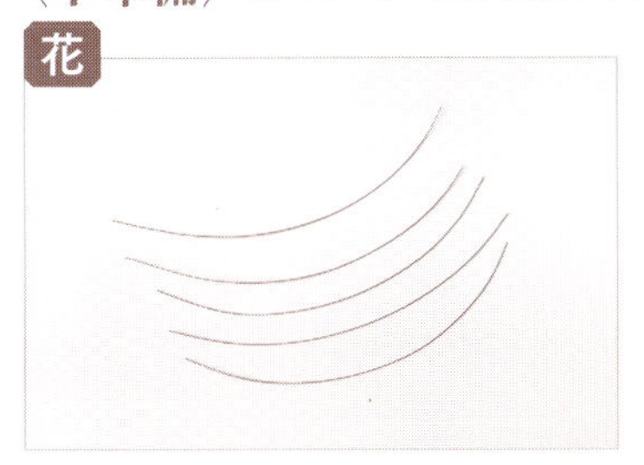

#28・15cm・5本

葉／1回巻き

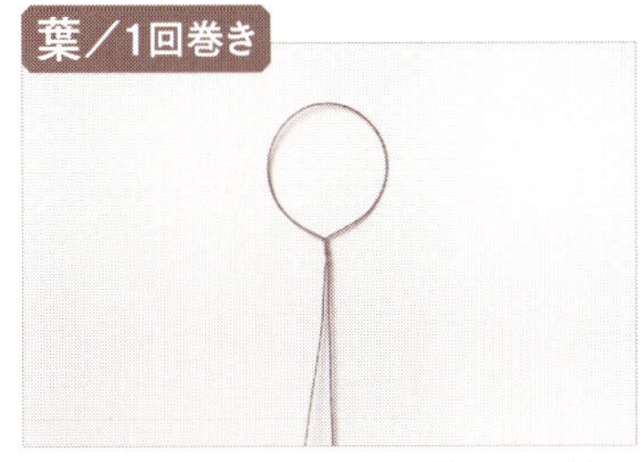

#28・2.5cmゲージ・1回巻き…2枚

〈作り方〉 ※ピアス1…作り方1〜7、9〜11、14〜15。ピアス2…作り方8〜9、11〜13。

1 ワイヤー(#28)5本のうち4本を2つ折りにする。1本は爪楊枝を使って、中心でループを作る。**a**

2 **1**の折った先端から1cmでペンチで折り曲げる。**b**

3 折り曲げた部分をペンチで固定し、指で5回ねじる。**c**

4 **3**を3本繰り返し、型紙通り形付ける。**d**

5 最初と最後のワイヤーを5回ねじり、輪にする。**e**

6 **5**のねじり部分から3cm下でまとめ、ねじる。**f**

7 花びらは、指でウェーブをつけ、指で外側に反りをつけ、整える。**g**

8 葉はペンチで型紙通り形付け、根元のワイヤー1本でシングルブリッジする(P.30参照)。**h**

9 指定色でディップし、乾燥させる。

10 花びら表面のふちにマニキュア(薄青)を塗り、乾燥させる(P.39参照)。

11 全てストレンスナーをつけ、乾燥させる。

12 葉は、根元を丸ヤットコでめがね留めし(2組)、チェーンにCカンでつなぐ(1組)。

13 **12**のチェーンと、葉1枚をピアスに通す。

14 花の根元のワイヤーをギリギリで切り、メタルパーツをボンドで貼る。

15 花の中心にデザインTピンをボンドで貼り、ループをピアスに通す。

※わかりやすいよう、地巻きワイヤーで説明

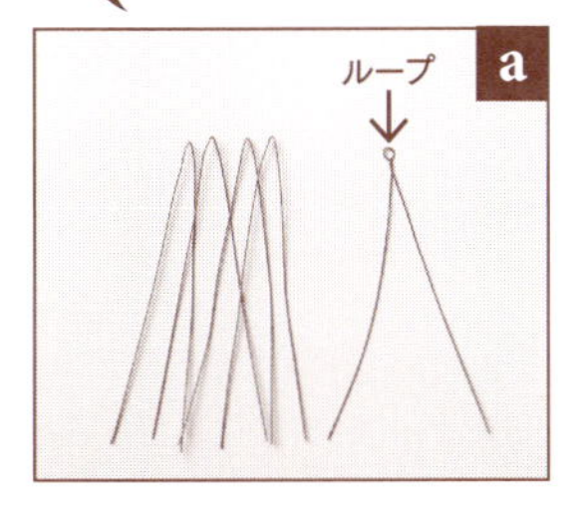

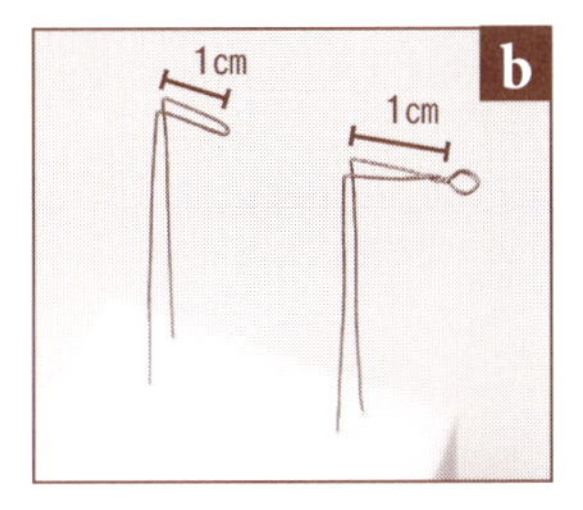

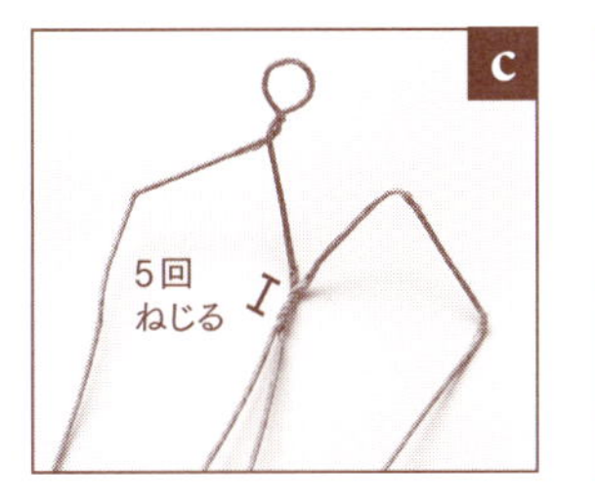

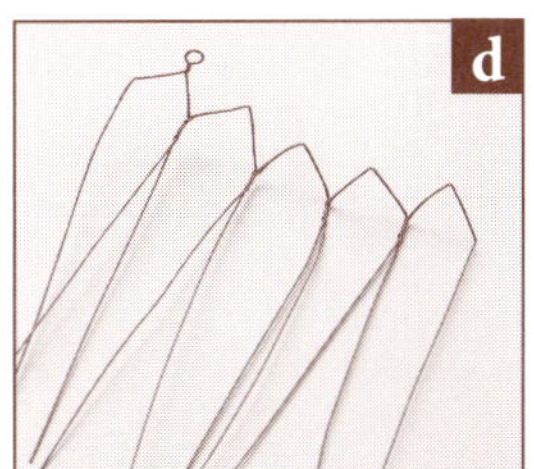

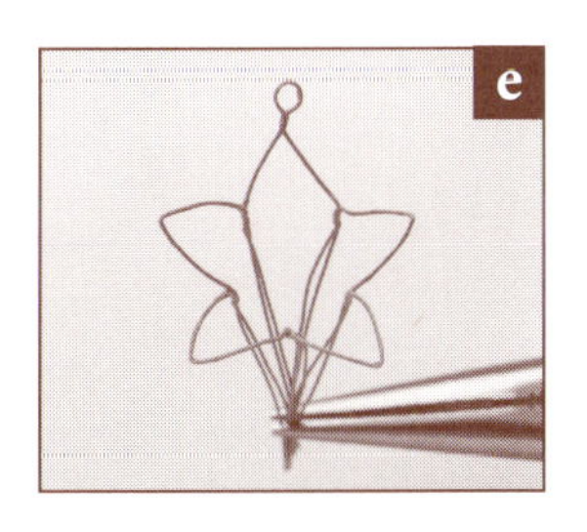

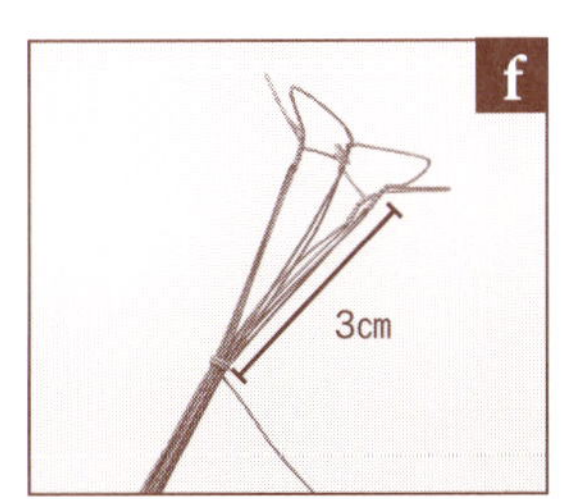

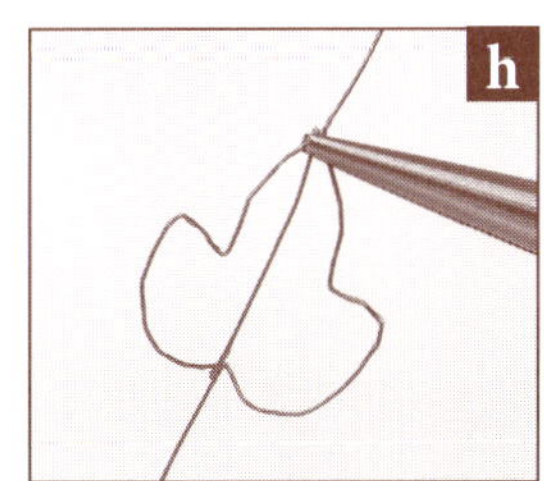

27 9月 クジャクソウ

難易度 ★☆☆

作品ページ → P.25　型　紙 →後ろ見返し

〈材料〉 ※(S)…シルバー

ワイヤー

#32(S)…共通

着色

●**ディップ液**

ライトブルー…(花(大・中))適量

白調合液 クリヤー ＋スノーホワイト微量…(花(小))適量

資材

ピアス(S)メタルリング15mm…1組

パール(水色)4mm…3個

ミール皿(S)カン付12mm…1個

Aカン(S)8mm…2個

〈下準備〉 ※わかりやすいよう、地巻きワイヤーで説明

花(大)／複数回巻き

#32・1cmゲージ・7回巻き…9本

花(中)／複数回巻き

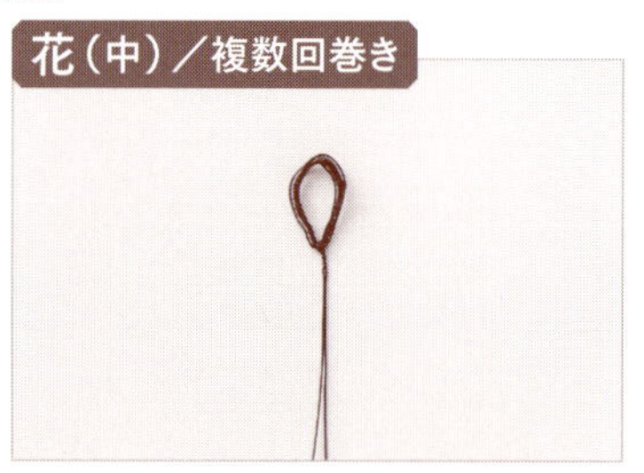

#32・0.8cmゲージ・7回巻き…8本

花(小)／複数回巻き

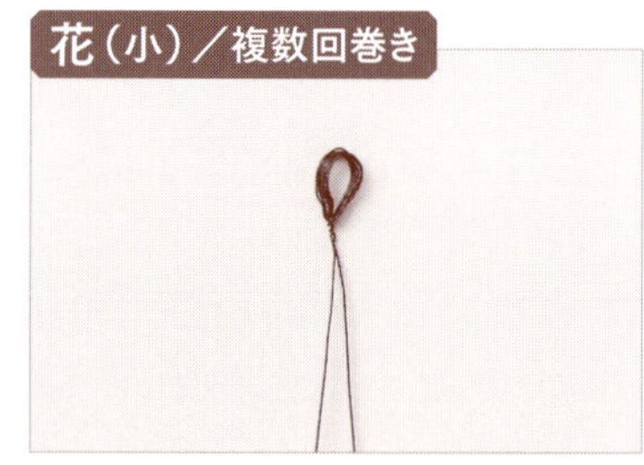

#32・0.6cmゲージ・7回巻き…2本

〈作り方〉

●**花(大・中・小)共通**

1. 花は指で先を細め、型紙通りに形付ける。 a
2. 1を指で軽く外側へ反りをつける。 b
3. 指定色でディップし、乾燥させる。
4. 全てストレンスナーをつけ、乾燥させ、根元のワイヤーを1本に切る。

●**ピアス1**

1. 花(小)2本→花(中)5本→花(大)6本の順に束ね、根元のワイヤーを2cmねじる。 c
2. 1のねじったワイヤーを、根元から1cmで切り、ペンチで折り曲げる。 d
3. 2をボンドでミール皿に貼る。
4. ミール皿のカンをAカンでピアスにつなぐ。 e

●**ピアス2**

1. 花(大・中)各1本をまとめ、根元のワイヤーを2cmねじる。(3組) f
2. 1のワイヤーにパールを通し、めがね留めする。 g
3. 2を3組一緒にAカンでピアスにつなぐ。 h

作り方Point! ※わかりやすいよう、地巻きワイヤーで説明

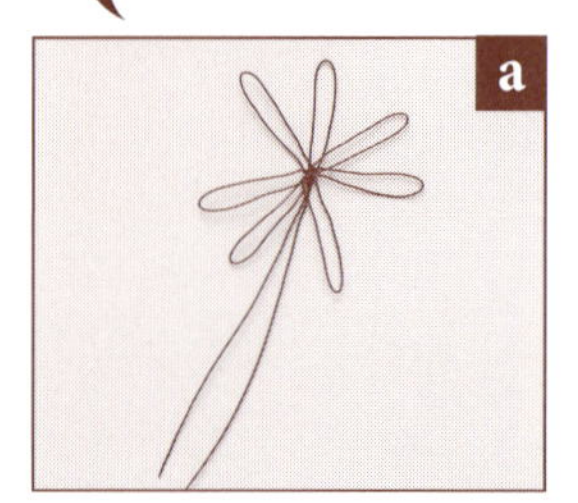

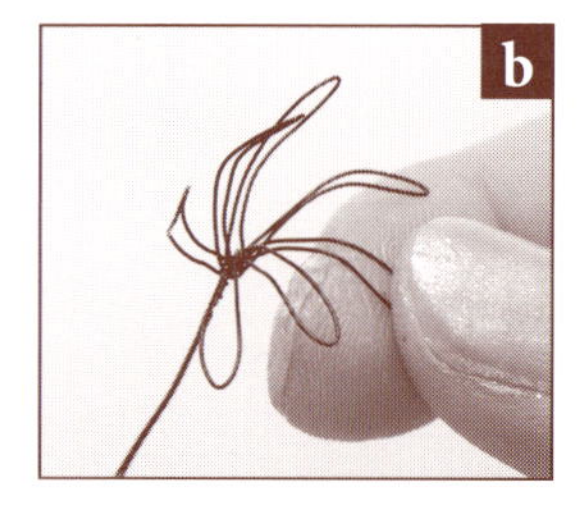

e

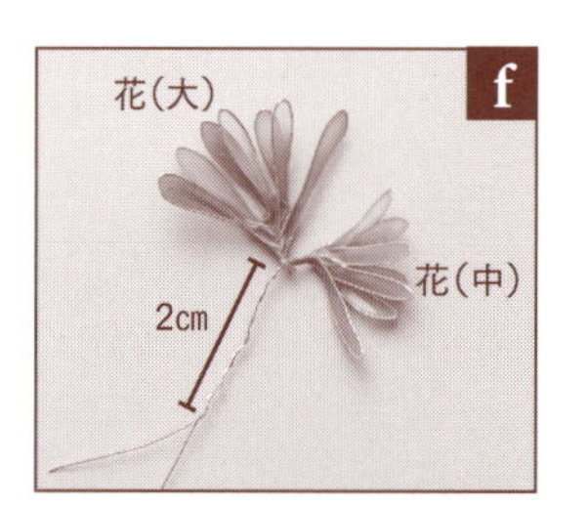

28 10月 コスモス 難易度 ★☆☆

作品ページ → P.25　型紙 →後ろ見返し

ピアス1　ピアス2

〈材料〉 ※(G)…ゴールド

ワイヤー

#26(G)、#28(G)、#30(G)

着色

●**ディップ液**　クリヤー…適量

●**マニキュア**　薄ピンク…適量

花資材

花芯用　カットガラス(黄)ボタンカット4㎜…5個

資材

ピアス(G)U字…1組

ミール皿(G)2カン付10㎜…1個

チェコビーズ(ローズ)4㎜…3個

めがね留めチェーン(ピーチ)…3㎝2本、5㎝1本

丸カン(G)…4個

〈下準備〉

花A／ねじり巻き

#26・1.5㎝ゲージ・間2回ねじり4輪…2本

花B／複数回巻き

#28・1.5㎝ゲージ 4回巻き…3本

〈作り方〉

●**共通**

1 ペンチで型紙通りに形付け、指で反りをつける。 a

2 全てクリヤーでディップし、乾燥させる。

3 花A、花Bの裏面にマニキュアを塗り、乾燥させる。 b

4 全てストレンスナーをつけ、乾燥させる。

5 すぼめた花Bの根元にチェコビーズを通し、めがね留めする(P.42参照)。 c これを3個作る。

●**ピアス1** ※花Bを2本使用

1 花B2本をそれぞれ、丸カンで3㎝と5㎝のチェーンにつなぐ。 d

2 1のチェーンの端を2本一緒にピアスに通す。 e

●**ピアス2** ※花A2本、花芯1個、花B1本を使用

1 花芯を作る。別ワイヤー(#30)15㎝にカットガラスを4個通す。2個返し、両端から1個を通し裏でねじる(P.32ビーズの花芯参照)。 f

2 根元ワイヤーを切り、ミール皿に花A→花A→花芯の順にボンドで貼る。 g

3 ミール皿の下部に丸カンでチェーン3㎝をつなぎ、花Bを丸カンでつなぐ。上部にピアスを通す。 h

作り方Point!

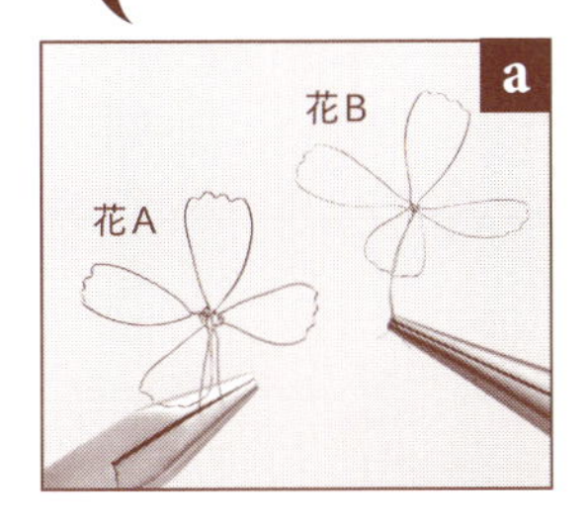

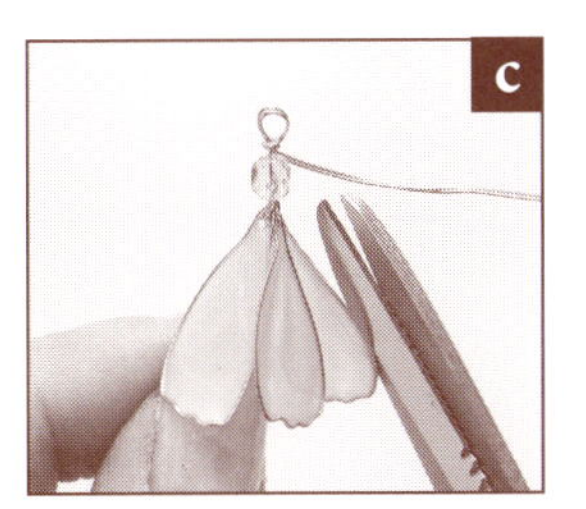

29 11月 雪椿 難易度 ★★☆

作品ページ → P.25　型紙 →後ろ見返し

〈材料〉 ※(G)…ゴールド

ワイヤー
#28(G)、#30(G)

着色

●**ディップ液**
白調合液 クリヤー9：スノーホワイト1 …(花)適量
ゴールデンイエロー…(花芯)適量
ホットピンク…(花の模様)適量
グリーン…(葉)適量

●**3D絵の具(206)**…(花芯)適量

花資材
花芯用　パール(白)6㎜…2個

資材
ピアス(G)U字…1組
ミール皿(G)2カン付10㎜…2個
Cカン(G)…2個
タッセル(黄)15㎜…2個

〈下準備〉

花(大・小)/ねじり巻き

(大) #28・1.5㎝ゲージ・間2回ねじり6輪…2本
(小) #28・1㎝ゲージ・間2回ねじり5輪…2本

花芯/複数回巻き

#30・0.8㎝ゲージ・15回巻き…2本

葉/1回巻き

#28・2㎝ゲージ・1回巻き…2枚

〈作り方〉 ※花(大、小)共通

1 花はペンチで型紙通りに形付け、指で内側に反りをつける。 a
2 花芯は指で細くつまみ、型紙通りに形付ける。 b
3 2の中心に8㎜のゲージを置いて指で添わせ、カップ状にする。 c
4 葉はペンチで先端をとがらせ、型紙通りに形付ける。
5 葉は根元のワイヤーで、シングルブリッジする(P.30参照)。 d
6 全て指定色でディップし、乾燥させる。
7 花びらの表面に、目打ちですくったホットピンクを垂らし、模様を描く(P.39参照)。 e
8 全てストレンスナーをつけ、乾燥させ、根元のワイヤーを全て切る。
9 花芯の先端に3D絵の具を塗り、乾燥させる(P.39参照)。 f
10 ミール皿に、葉→花(大)→花(小)→花芯→パールの順にボンドで貼る。 g
11 10の下部のカンにタッセルをCカンでつなぐ。上部のカンにピアスを通す。 h

作り方Point!

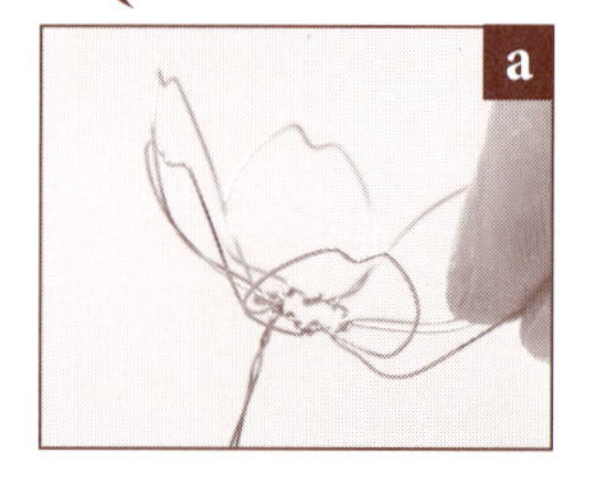
a

b

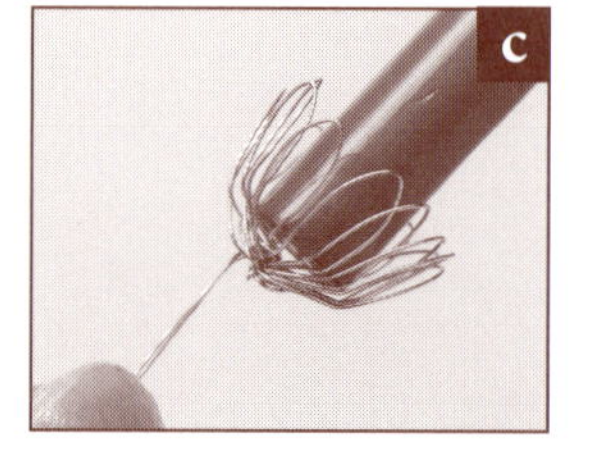
c

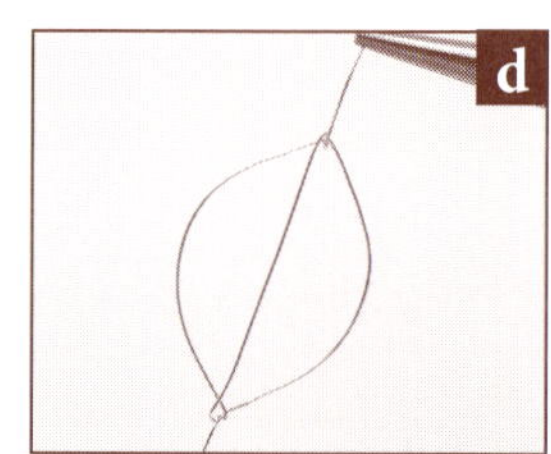
d

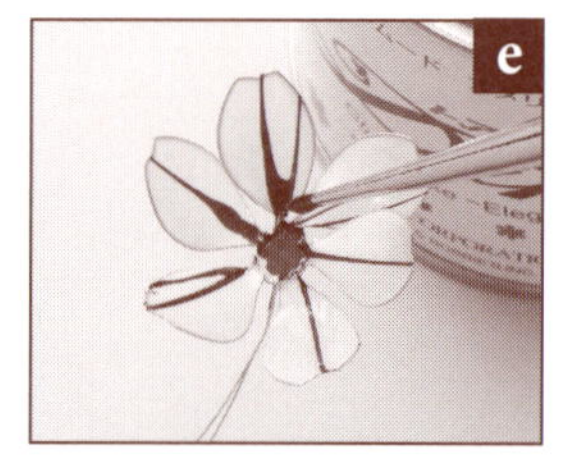
e

f

g

h

30 12月 クリスマスローズ

作品ページ →P.25　型 紙 →後ろ見返し

〈材料〉 ※(G)…ゴールド

ワイヤー

#28(G)、#30(G)

着色

●**ディップ液**

クリヤー…(花、花芯)適量　ゴールド…(葉)適量

●**マニキュア**　茶…(花)適量

●**3D絵の具**(206)…(花芯)適量

資材

ピアス(G)丸皿6㎜…1組

ミール皿(G)カン付10㎜…2個

アクリルビーズ雫(黒)…2個

デザインTピン(G)0.8×35㎜…2本

Cカン(G)…2個

〈下準備〉

花(大・小)、つぼみ／ねじり巻き

花(大)　#28・1.8㎝ゲージ・間2回ねじり5輪…1本

花(小)　#28・1.2㎝ゲージ・間2回ねじり5輪…2本

つぼみ　#28・1.5㎝ゲージ・間2回ねじり5輪…1本

花芯A／複数回巻き

#30・0.7㎝ゲージ・10回巻き…1本

花芯B／ねじり巻き

#30・0.7㎝ゲージ・間1回ねじり10輪…1本

葉／複数回巻き

#28・1.5㎝ゲージ・3回巻き…1本

〈作り方〉 ※花(大、小)共通

1. 花、つぼみ、葉は、ペンチで先端をとがらせ、型紙通りに形付ける。 **a**
2. 花、つぼみは、指で内側に反りをつける。 **b**
3. 花芯は指で細くつまみ、型紙通りに形付ける。 **c**
4. 指定色でディップし、乾燥させる。
5. 花は裏面に、つぼみは表面にマニキュア(茶)を塗り、乾燥させる。
6. 花芯は放射状に立体にし、先端に3D絵の具を塗り、乾燥させる(P.36参照)。 **d**
7. 全てストレンスナーをつけ、乾燥させ、根元のワイヤーを1本に切る。
8. 花(大)(小)、つぼみの中心に目打ちで穴をあける。つぼみは、指で花びらを中心にすぼませる。
9. ピアス1は花芯A→花芯B→花(小)2本→花(大)の順にまとめ、根元でねじる。 **e**
10. 9の根元のワイヤーを5㎜で切り、折り曲げる。 **f**
11. 10をボンドでミール皿に貼り、裏面にピアスの丸皿をボンドで貼る。
12. ピアス2はつぼみと葉のワイヤーを根元で切り、ボンドでミール皿に貼り、裏面にピアスの丸皿をボンドで貼る。
13. ピアス1、2それぞれTピンにアクリルビーズを通し、丸ヤットコで輪をつくる(2組)(P.41参照)。 **g**
14. ピアス1、2のミール皿のカンに13をCカンでつなぐ。 **h**

作り方Point!

a

b

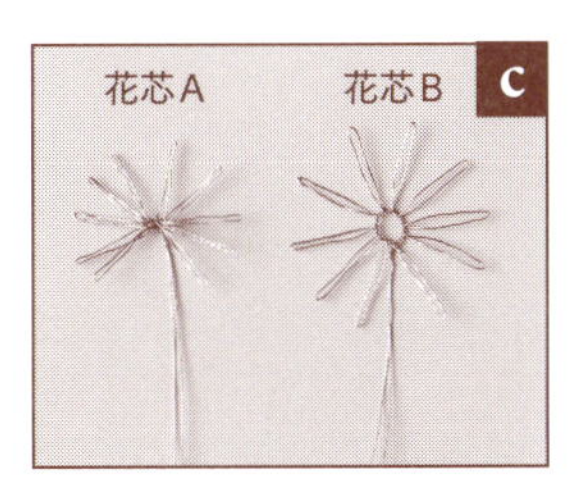

c

d

e

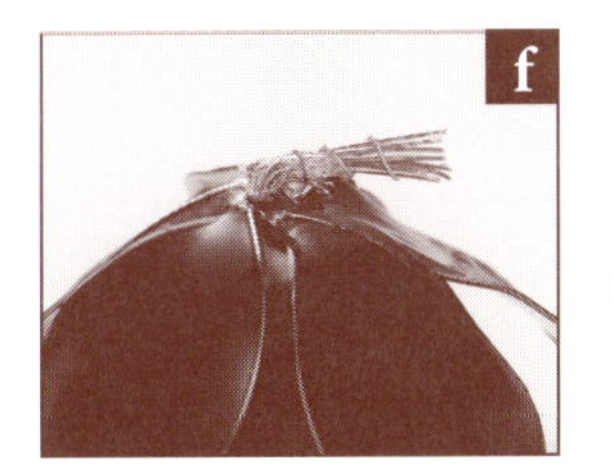

f

g

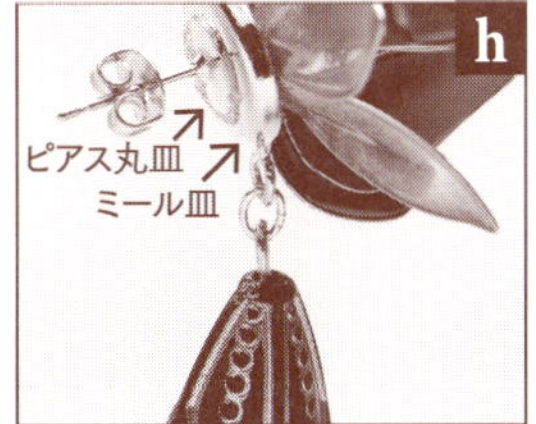

h

ワイヤーの実物大型紙

実物大型紙に合わせて、ワイヤーを形付けして下さい。

01 タンポポ

How to make P.50

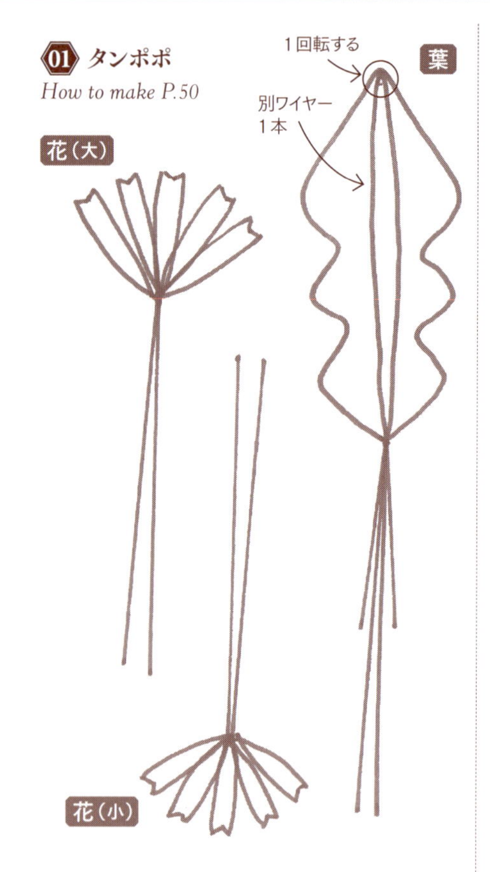

02 ワイルドストロベリー

How to make P.52

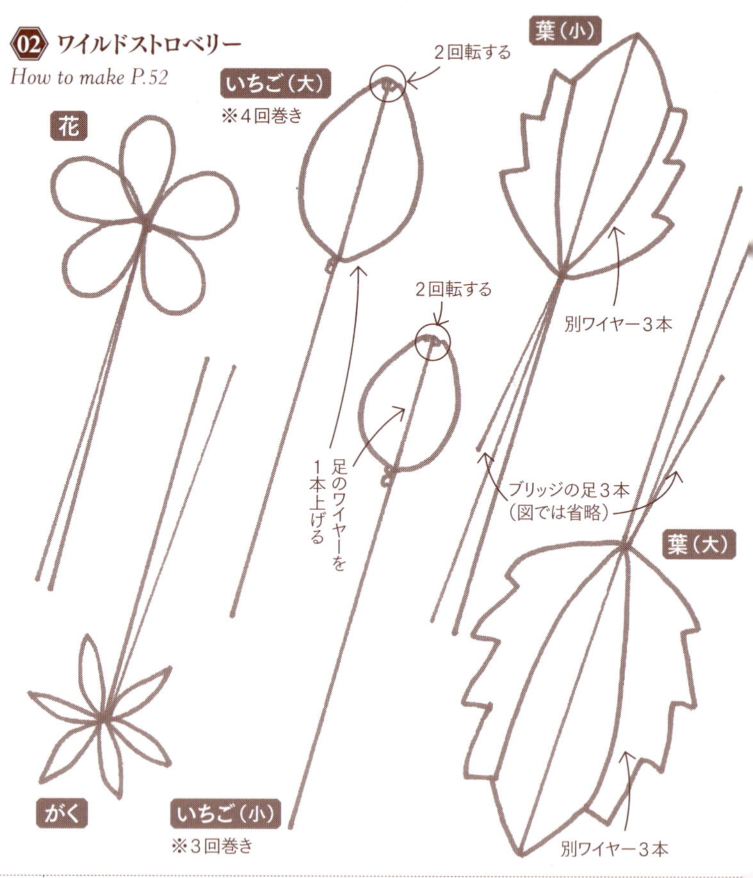

01 ブルースター

How to make P.50

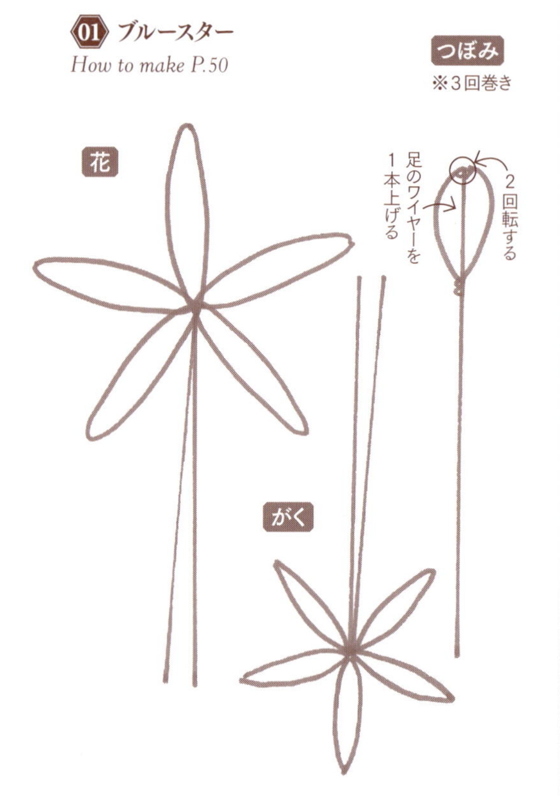

03 ハナミズキ

How to make P.54

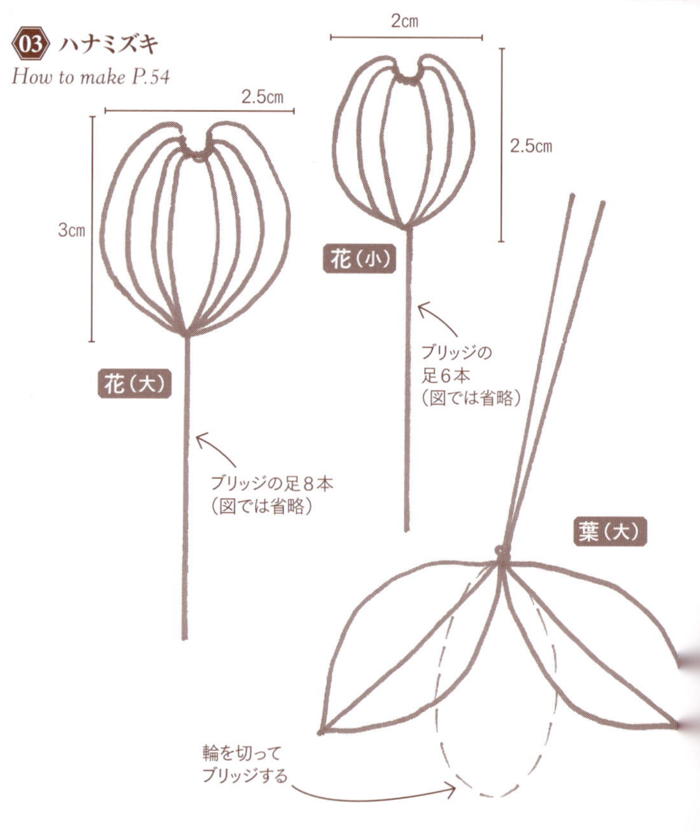

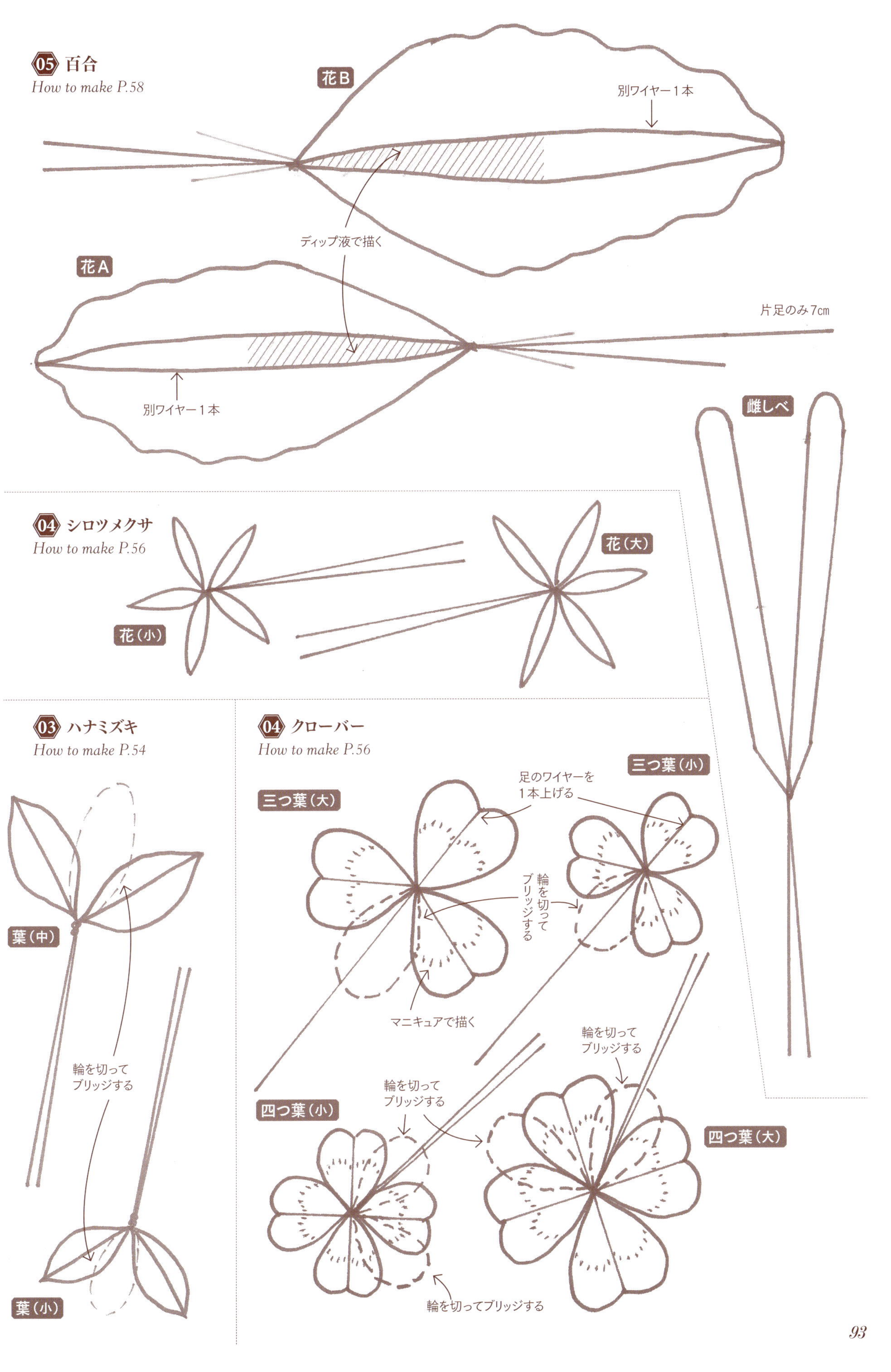
05 百合
How to make P.58
花B
別ワイヤー１本
ディップ液で描く
花A
片足のみ7㎝
別ワイヤー１本
雌しべ
04 シロツメクサ
How to make P.56
花（大）
花（小）
03 ハナミズキ
How to make P.54
葉（中）
輪を切って
ブリッジする
葉（小）
04 クローバー
How to make P.56
三つ葉（小）
足のワイヤーを
１本上げる
三つ葉（大）
輪を切って
ブリッジする
マニキュアで描く
輪を切って
ブリッジする
四つ葉（小）
輪を切って
ブリッジする
四つ葉（大）
輪を切ってブリッジする

How to make P.44　※全て2回巻き

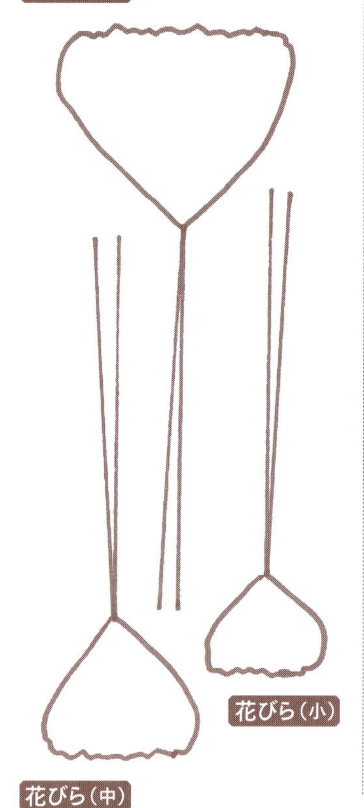

How to make P.60

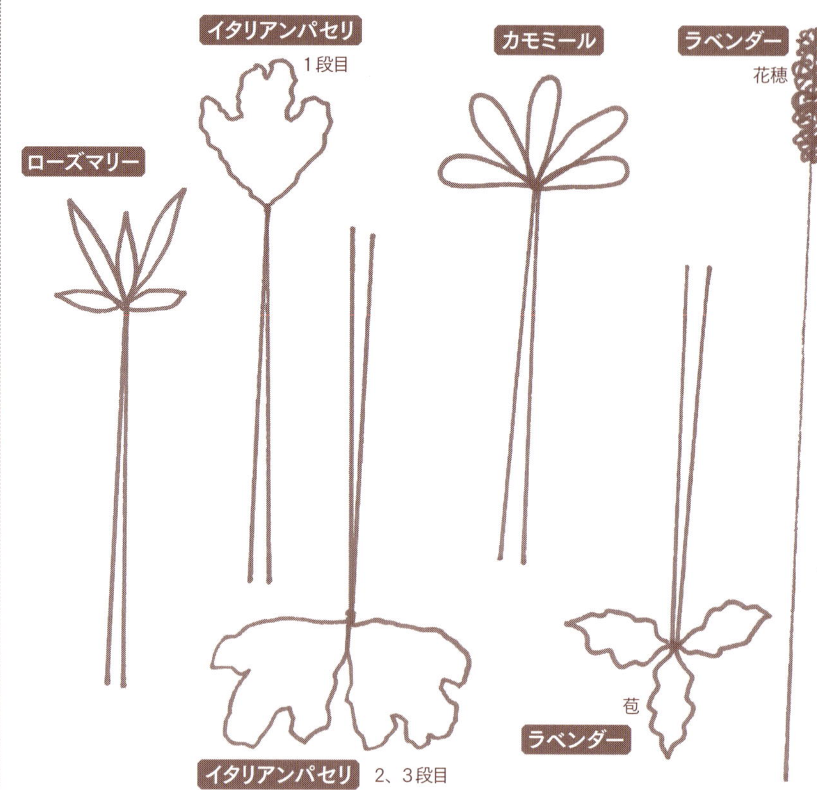

09 多肉植物

How to make P.46

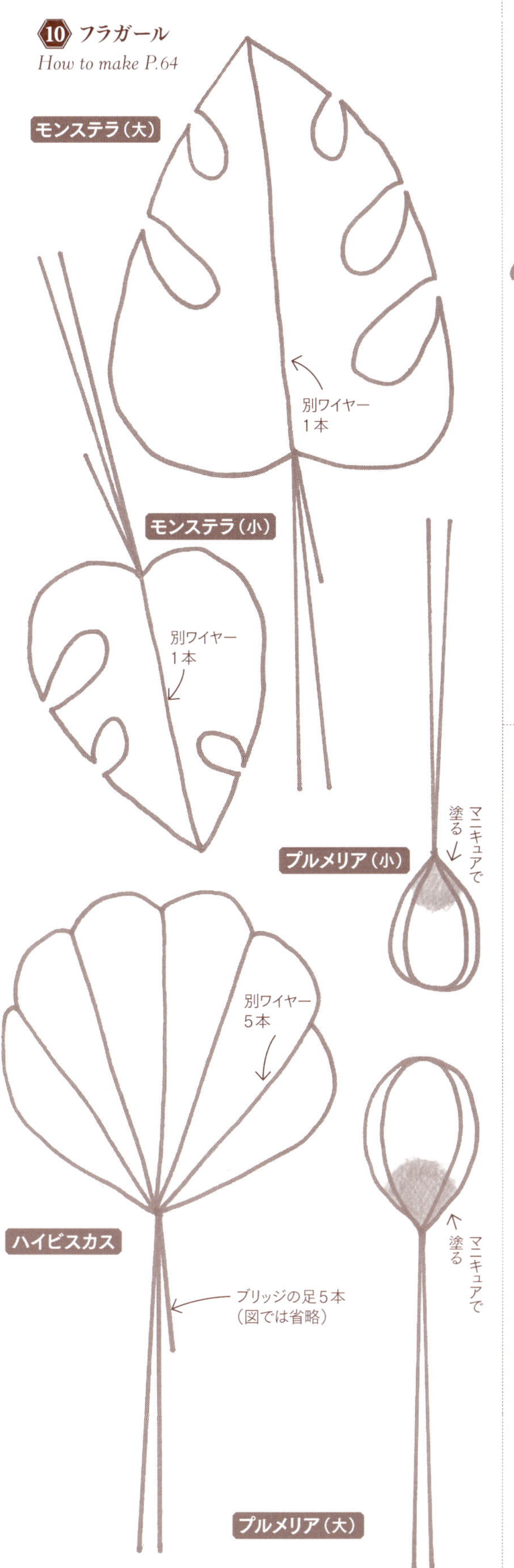
10 フラガール
How to make P.64
モンステラ（大）
別ワイヤー
1本
モンステラ（小）
別ワイヤー
1本
プルメリア（小）
マニキュアで
塗る
別ワイヤー
5本
ハイビスカス
ブリッジの足5本
（図では省略）
マニキュアで
塗る
プルメリア（大）

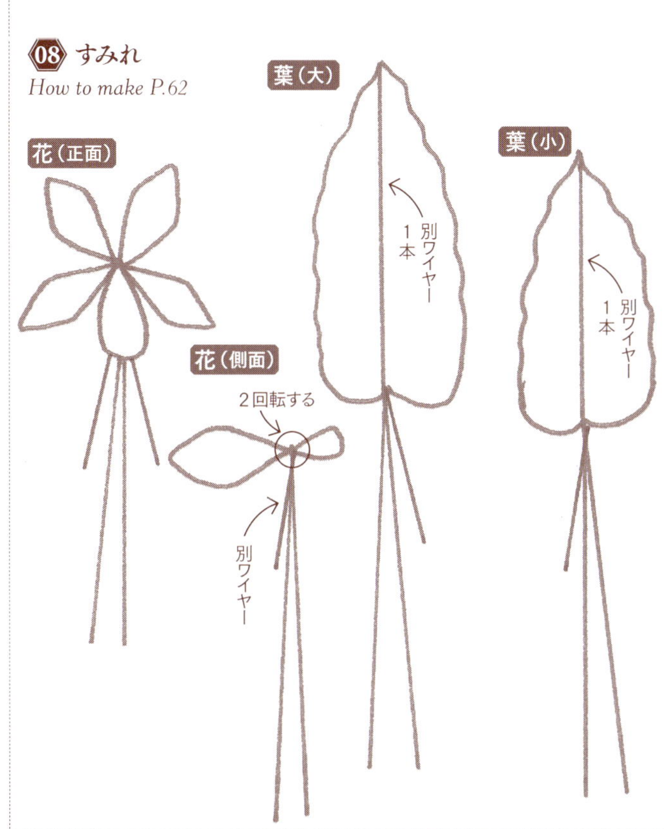
08 すみれ
How to make P.62
葉（大）
葉（小）
花（正面）
別ワイヤー
1本
別ワイヤー
1本
花（側面）
2回転する
別ワイヤー

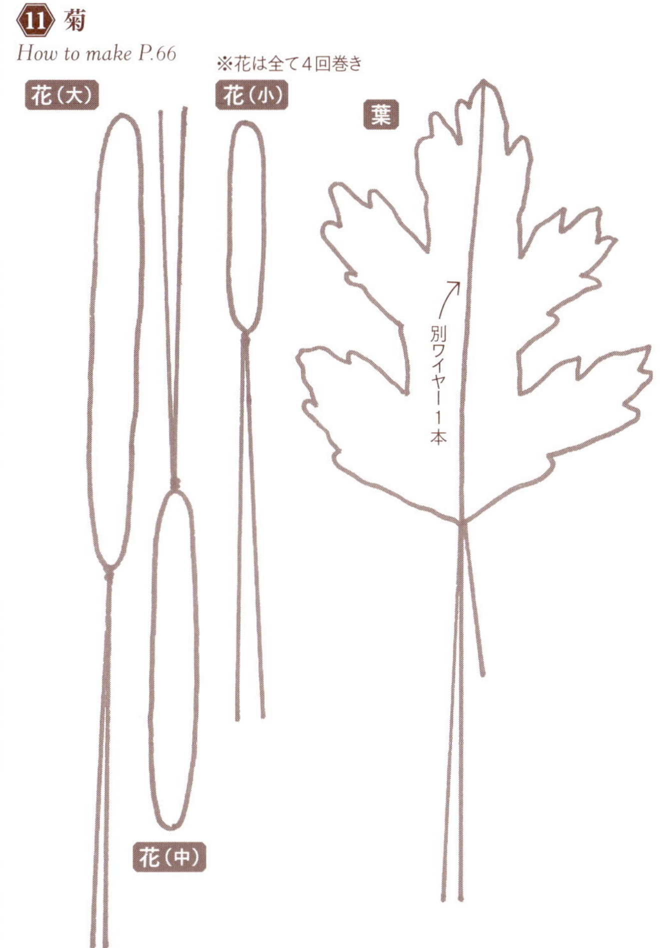
11 菊
How to make P.66
※花は全て4回巻き
花（大）
花（小）
葉
別ワイヤー1本
花（中）

著者Profile

m.n.c.は著者の名前の頭文字を組み合わせて作った
ディップフラワー作家ユニット名です

小川まなみ（おがわまなみ）
『Heart of Flower』
https://ameblo.jp/heart-of-flower-2000/

担当作品
タンポポ、ブルースター、ワイルドストロベリー、ラベンダー、カモミール、クローバー、シロツメクサ、ラナンキュラス、コスモス
〈誕生花のピアス〉1月シンビジウム、3月忘れな草、7月トルコキキョウ、9月クジャクソウ、11月雪椿

星野直子（ほしのなおこ）
『n-urara-flower』
https://ameblo.jp/n-urara-flower/

担当作品
百合、すみれ、どくだみ、シャンパンローズ、紅葉
〈誕生花のピアス〉6月野ばら、10月コスモス

松沼千鶴子（まつぬまちづこ）
『sparkling flower』
https://ameblo.jp/sparklingflower/

担当作品
ハナミズキ、多肉植物、ローズマリー、イタリアンパセリ、ハイビスカス、モンステラ、プルメリア、菊、胡蝶蘭、小菊、どんぐり、クリスマスローズ、蝶々
〈誕生花のピアス〉2月スイートピー、4月アルストロメリア、5月カーネーション、8月朝顔、12月クリスマスローズ

〈協力〉

● トウペディップアート協会
大阪府堺市西区築港新町1-5-11 株式会社トウペ内
本部電話　072-243-6447
東京事務局電話　03-3847-6413
URL　http://www.dipart.jp

● 横浜ディスプレイミュージアム
神奈川県横浜市神奈川区大野町1-8 アルテ横浜
横浜本店電話　045-441-3933
URL　http://www.displaymuseum.co.jp/index.html

Staff
撮影：伊藤泰寛（講談社写真部）
デザイン：田中小百合（オスズデザイン）

実寸型紙付き!!
ディップ液にワイヤーをくぐらせて作る

ディップフラワーアクセサリー練習帖

2019年11月12日　第1刷発行
2022年4月4日　第2刷発行

著　者　m.n.c.
発行者　鈴木章一
発行所　株式会社講談社
〒112-8001　東京都文京区音羽2-12-21
販売　TEL03-5395-3606
業務　TEL03-5395-3615
編　集　株式会社　講談社エディトリアル
代　表　堺　公江
〒112-0013　東京都文京区音羽1-17-18
護国寺SIAビル6F
編集部　TEL03-5319-2171
印刷所　凸版印刷株式会社
製本所　大口製本印刷株式会社

KODANSHA

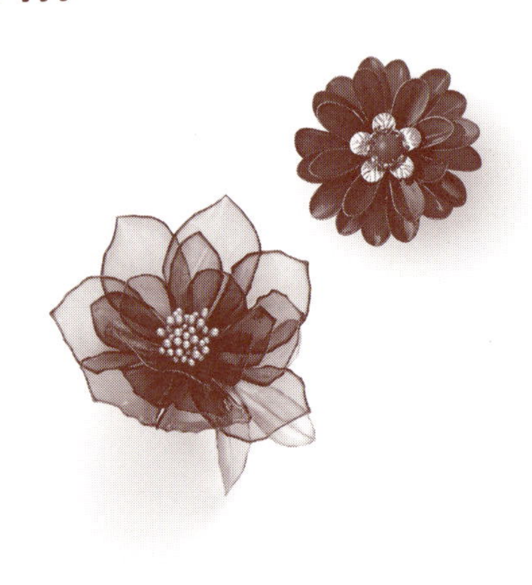

N.D.C.594 95p 26cm ISBN978-4-06-517822-5

23 5月 カーネーション

How to make P.84

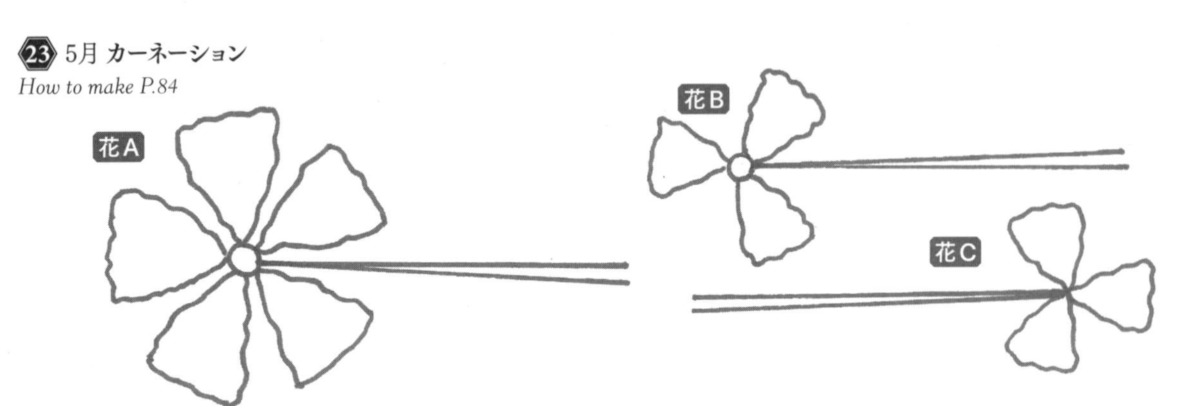

24 6月 野ばら

How to make P.85

25 7月 トルコキキョウ

How to make P.86

26 8月 朝顔

How to make P.87

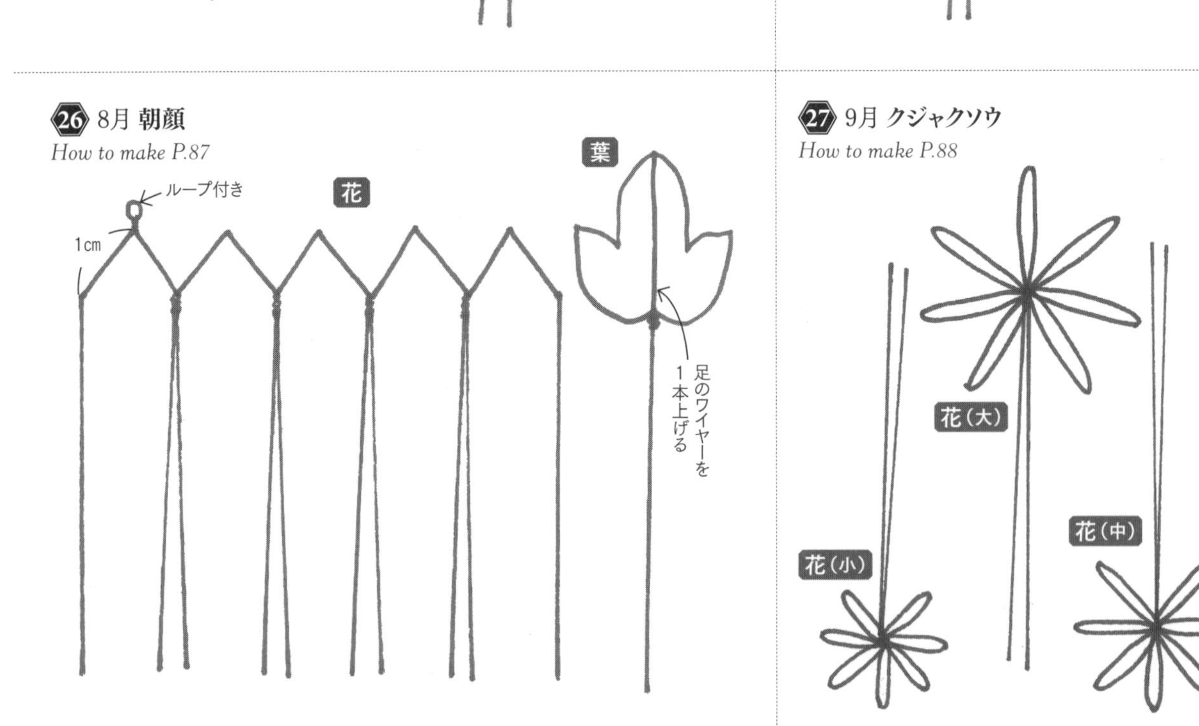

27 9月 クジャクソウ

How to make P.88